应用型本科院校"十二五"规划教材/计算机类

主 编 张 磊
副主编 王雪茹 修建新
主 审 黄凤岗

办公自动化高级实例教程

Examples of Advanced Office Automation Tutorial

哈尔滨工业大学出版社

内容简介

本书按照实例与任务驱动教学法的思想,采用实用实例的形式组织教材内容,具有实用性。特别对 Office 的三大基本软件以及办公设备、局域网的安装使用、系统维护等方面都做了详细的实践性的实例讲解,而且本书的实例具有综合性,具有参考价值。本书章节采用"样张显示→培养目标→操作步骤→小知识介绍"的实例教学编写,旨在在计算机文化基础上,将办公软件及办公设备融合到实际应用中,掌握其高级应用。

本书既可以作为启发式教学、实例与任务驱动教学等以学生为主体、教师为主导的互动式教学模式的教科书,也使用于办公人员使用办公软件时良好的参考书。

图书在版编目(CIP)数据

办公自动化高级实例教程/张磊主编. —哈尔滨:
哈尔滨工业大学出版社,2011.2(2016.1 重印)
应用型本科院校"十二五"规划教材
ISBN 978-7-5603-2883-6

Ⅰ.①办… Ⅱ.①张… Ⅲ.①办公室-自动化-高等学校-教材 Ⅳ.①C931.4

中国版本图书馆 CIP 数据核字(2011)第 018065 号

策划编辑	赵文斌 杜 燕
责任编辑	刘 瑶
出版发行	哈尔滨工业大学出版社
社 址	哈尔滨市南岗区复华四道街10号 邮编150006
传 真	0451-86414749
网 址	http://hitpress.hit.edu.cn
印 刷	黑龙江艺德印刷有限责任公司
开 本	787mm×1092mm 1/16 印张 18.25 字数 433 千字
版 次	2011年2月第1版 2016年1月第8次印刷
书 号	ISBN 978-7-5603-2883-6
定 价	32.80元

(如因印装质量问题影响阅读,我社负责调换)

《应用型本科院校"十二五"规划教材》编委会

主　任　　修朋月　竺培国
副主任　　王玉文　吕其诚　线恒录　李敬来
委　员　（按姓氏笔画排序）
　　　　　　丁福庆　于长福　马志民　王庄严　王建华
　　　　　　王德章　刘金祺　刘宝华　刘通学　刘福荣
　　　　　　关晓冬　李云波　杨玉顺　吴知丰　张幸刚
　　　　　　陈江波　林　艳　林文华　周方圆　姜思政
　　　　　　庹　莉　韩毓洁　臧玉英

序

  哈尔滨工业大学出版社策划的《应用型本科院校"十二五"规划教材》即将付梓,诚可贺也。

  该系列教材卷帙浩繁,凡百余种,涉及众多学科门类,定位准确,内容新颖,体系完整,实用性强,突出实践能力培养。不仅便于教师教学和学生学习,而且满足就业市场对应用型人才的迫切需求。

  应用型本科院校的人才培养目标是面对现代社会生产、建设、管理、服务等一线岗位,培养能直接从事实际工作、解决具体问题、维持工作有效运行的高等应用型人才。应用型本科与研究型本科和高职高专院校在人才培养上有着明显的区别,其培养的人才特征是:①就业导向与社会需求高度吻合;②扎实的理论基础和过硬的实践能力紧密结合;③具备良好的人文素质和科学技术素质;④富于面对职业应用的创新精神。因此,应用型本科院校只有着力培养"进入角色快、业务水平高、动手能力强、综合素质好"的人才,才能在激烈的就业市场竞争中站稳脚跟。

  目前国内应用型本科院校所采用的教材往往只是对理论性较强的本科院校教材的简单删减,针对性、应用性不够突出,因材施教的目的难以达到。因此亟须既有一定的理论深度又注重实践能力培养的系列教材,以满足应用型本科院校教学目标、培养方向和办学特色的需要。

  哈尔滨工业大学出版社出版的《应用型本科院校"十二五"规划教材》,在选题设计思路上认真贯彻教育部关于培养适应地方、区域经济和社会发展需要的"本科应用型高级专门人才"精神,根据黑龙江省委书记吉炳轩同志提出的关于加强应用型本科院校建设的意见,在应用型本科试点院校成功经验总结的基础上,特邀请黑龙江省9所知名的应用型本科院校的专家、学者联合编写。

  本系列教材突出与办学定位、教学目标的一致性和适应性,既严格遵照学科体系的知识构成和教材编写的一般规律,又针对应用型本科人才培养目标及与之相适应的教学特点,精心设计写作体例,科学安排知识内容,围绕应用讲授理论,做到"基础知识够用、实践技能实用、专业理论管用"。同时注意适当融入新理论、新技术、新工艺、新成果,并且制作了与本书配套的PPT多媒体教学课件,形成立体化教材,供教师参考使用。

《应用型本科院校"十二五"规划教材》的编辑出版,是适应"科教兴国"战略对复合型、应用型人才的需求,是推动相对滞后的应用型本科院校教材建设的一种有益尝试,在应用型创新人才培养方面是一件具有开创意义的工作,为应用型人才的培养提供了及时、可靠、坚实的保证。

希望本系列教材在使用过程中,通过编者、作者和读者的共同努力,厚积薄发、推陈出新、细上加细、精益求精,不断丰富、不断完善、不断创新,力争成为同类教材中的精品。

前　言

随着信息技术的不断发展,计算机技术和网络技术的普及,人们已经进入到了高速发展的信息时代,计算机和网络已经遍布各行各业,进入到千家万户。计算机技术在办公自动化领域应用得最为广泛,人们能够熟练地掌握办公软件、使用办公设备,并能够进行网上办公、熟悉系统和网络的维护和管理。这些已经成为现代办公的迫切需要,也是当代大学生必须掌握的基本知识。

学习办公自动化技术的方法很多,大多数的教材都是先进行理论的讲解,然后进行上机操作和练习,这种方法教学效果不明显,不能有效的提高学生的自学能力。因此本书打破传统的教学模式,按照实例与任务驱动教学法的思想,讲究实用性,采用实用实例的形式组织教材内容。特别对 Office 的三大基本软件、办公设备、网上办公和基本的系统和网络的使用和维护等方面都做了详细的实例讲解。本书的实例都是根据现代办公的需要精心设计的,具有较高的实用性,具有参考价值,希望能够对读者在学习和工作中有一定的帮助。本书中 Office 实例操作的 2003 版给出,但其思想适于以后的各版本,只是操作时菜单命令的位置不同。

本书内容共包括 8 章,各章的主要内容如下:

第 1 章介绍了 Windows XP 办公技术,共包括 5 个不同实例。

第 2 章介绍了 Word 2003 的高级办公应用,共包括 7 个不同实例。

第 3 章介绍了 Excel 2003 的高级办公应用,共包括 6 个不同实例。

第 4 章介绍了 PowerPoint 2003 的高级办公应用,共包括 6 个不同实例。

第 5 章介绍了网上办公与应用,共包括 6 个不同实例。

第 6 章介绍了现代办公设备,共包括 5 个不同实例。

第 7 章介绍了常用办公软件,共包括 6 个不同实例。

第 8 章介绍了办公安全及系统维护,共包括 5 个不同实例。

其中第 1~4 章给出了相应知识点巩固与内容扩充。

本书既可以作为启发式教学、实例与任务驱动教学等以学生为主体、教师为主导的互动式教学模式的教科书,也可以作为办公人员的参考书。

由于编者的水平有限,书中难免有疏漏之处,敬请读者提出宝贵意见和建议。

编　者

2011 年 1 月

目　　录

第1章　Windows XP办公技术 ·· 1
　1.1　实例1：个性化电脑办公环境 ·· 1
　1.2　实例2：文件与文件夹的管理 ·· 7
　1.3　实例3：创建多用户操作系统 ·· 12
　1.4　实例4：搜索文件或文件夹 ·· 17
　1.5　实例5：输入法 ·· 18
　1.6　知识点巩固与内容扩充 ··· 26

第2章　Word 2003高级办公应用 ······································ 27
　2.1　实例1：制作新闻稿 ·· 27
　2.2　实例2：制作客户资料卡 ·· 34
　2.3　实例3：制作海报 ·· 40
　2.4　实例4：制作员工通讯记录 ·· 44
　2.5　实例5：制作邀请函 ·· 48
　2.6　实例6：文章版面设计和图文混排 ···································· 53
　2.7　实例7：论文排版 ·· 62
　2.8　知识点巩固与内容扩充 ··· 71

第3章　Excel 2003高级办公应用 ····································· 74
　3.1　实例1：报销单的设计制作 ·· 74
　3.2　实例2：员工档案的设计制作 ·· 80
　3.3　实例3：工资表的设计制作 ·· 87
　3.4　实例4：销售图表的设计制作 ·· 100
　3.5　实例5：营业收入月报表的设计制作 ·································· 112
　3.6　实例6：客户信息表的设计制作 ······································ 122
　3.7　知识点巩固与内容扩充 ··· 132

第4章　PowerPoint 2003高级办公应用 ······························· 135
　4.1　实例1：电子相册的制作 ·· 135
　4.2　实例2：公司宣传手册的制作 ·· 144
　4.3　实例3：答谢证书的制作 ·· 150
　4.4　实例4：年度营销计划的制作 ·· 156
　4.5　实例5：年度日程表的制作 ·· 166
　4.6　实例6：地理教学课件的制作 ·· 172
　4.7　知识点巩固与内容扩充 ··· 181

第5章 网上办公与应用 ……185

5.1 实例1:组建办公网络 ……185
5.2 实例2:文件共享与使用 ……187
5.3 实例3:打印机共享与使用 ……193
5.4 实例4:网络会议软件的使用(NetMeeting) ……198
5.5 实例5:Windows Live Messenger 软件的使用 ……204
5.6 实例6:用 Serv-u 架设 FTP 服务器 ……211

第6章 现代办公设备 ……215

6.1 实例1:刻录光盘 ……215
6.2 实例2:扫描仪的安装与使用 ……228
6.3 实例3:打印机的安装与使用 ……233
6.4 实例4:投影仪的安装与使用 ……236
6.5 实例5:数码相机的使用 ……238

第7章 常用办公软件 ……240

7.1 实例1:ACDSee 的使用 ……240
7.2 实例2:WinZip 及 Rar 的使用 ……243
7.3 实例3:金山词霸 ……246
7.4 实例4:常用阅读器 ……249
7.5 实例5:媒体播放器 ……254
7.6 实例6:下载软件的方法 ……256

第8章 办公安全及系统维护 ……259

8.1 实例1:电脑杀毒(360 安全卫士) ……259
8.2 实例2:防火墙的使用(360 木马防火墙) ……263
8.3 实例3:数据加密 ……265
8.4 实例4:XP 操作系统的安装 ……268
8.5 实例5:系统的维护与优化 ……275

参考文献 ……280

第1章 Windows XP 办公技术

Windows XP 是微软公司推出的一款操作系统,至今应用广泛。该操作系统具有界面友好、屏幕美观、菜单简化和设计清新等特点,同时在系统安全性和稳定性方面也有很大提高。本章通过4个实例讲解 Windows XP 的实际办公应用,在输入法方面着重讲解安装及使用五笔输入法。

1.1 实例1:个性化电脑办公环境

1.1.1 实例培养目标

设置桌面所显示的背景图案、屏幕保护、系统外观等,见图1.1 和图1.2。

图1.1 实例1:样张1

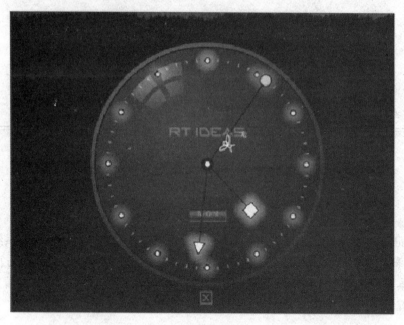

图1.2　实例1:样张2

1.1.2　实例操作步骤

1. 设置桌面背景

（1）在桌面空白处单击鼠标右键,在弹出的快捷菜单中选择"属性"选项(图1.3),弹出"显示属性"对话框,选择"桌面"选项卡(图1.4),在"背景"下拉菜单选择背景-(deep)图案后,单击"确定"按钮,显示样张1的背景。

图1.3　选择"属性"选项

图1.4　设置桌面背景

（2）如果自定义桌面背景，单击图1.4中的"浏览"按钮，弹出"浏览"对话框（图1.5），找到图片所在位置，并选择图片，单击"打开"按钮，在"显示属性"的背景图片中便多了一张刚刚打开的图片，在"位置"下拉列表中选择"拉伸"（图1.4），单击"确定"按钮，即可完成桌面背景更改。

图1.5 "浏览"窗口

> 小知识：在"位置"下拉列表框中有"居中"、"平铺"和"拉伸"三个选项。"居中"是指将单个原始大小的图片置于屏幕中心位置；"平铺"是指将多个原始大小的图片铺满整个屏幕；"拉伸"是指将原始大小的图片横向和纵向拉伸以排满整个屏幕。

2. 设置屏幕保护

在桌面空白处单击鼠标右键，在弹出的快捷菜单中选择"属性"选项，弹出"显示属性"对话框，选择"屏幕保护程序"选项卡，选择屏幕保护，点击"确定"按钮（图1.6）。

3. 设置系统外观

（1）打开"显示属性"对话框，选择"外观"选项卡，在"窗口和按钮"下拉列表中选择系统的外观样式（图1.7）。

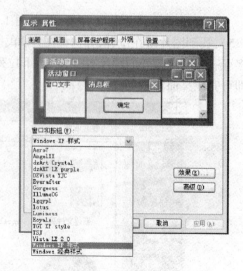

图1.6　选择"屏幕保护程序"选项卡　　　　　　图1.7　设置外观

(2)设置外观颜色。在"色彩方案"下拉列表中选择外观的颜色(图1.8)。

图1.8　设置外观色彩

(3)设置字体大小。在"字体大小"下拉列表中选择窗口及对话框项目采用的字体大小(图1.9)。

(4)设置效果。单击图1.9中的"效果"按钮,弹出"效果"对话框,可设置多种效果(图1.10)。

图 1.9　设置字体大小　　　　　　　　图 1.10　设置效果

4. 设置分辨率与刷新频率

（1）打开"显示属性"对话框，选择"设置"选项卡，拖动"屏幕分辨率"滑块调整显示器的屏幕分辨率（图 1.11）。

（2）单击图 1.11 中的"高级"按钮，在弹出的对话框中，选择"监视器"选项卡，在"屏幕刷新频率"下拉列表中选择要应用的刷新频率，单击"确定"按钮（图 1.12）。

图 1.11　设置屏幕分辨率　　　　　　　图 1.12　设置屏幕刷新频率

（3）在弹出"监视器设置"对话框，问"是否保留这些配置"，单击"是"按钮，更新成功（图 1.13）。

图 1.13　确认重新配置

5. 日期和时间设置

(1) 双击任务栏的时间显示区域,弹出"日期和时间属性"对话框(图 1.14)。

图 1.14　设置日期和时间属性

(2) 设置日期。在图 1.14 的左侧"月份"下拉列表中选择当前"月份"、"年份",在"日期"列表中选择准确的日期(图 1.15)。

(3) 设置时间。在右侧的"时间"选项区中的数值框中按照格式输入时间(图1.16)。

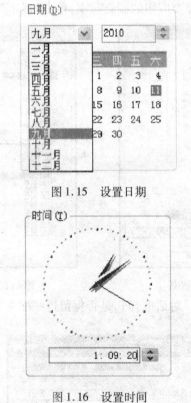

图 1.15　设置日期

图 1.16　设置时间

1.2 实例2:文件与文件夹的管理

1.2.1 实例样张

制作如图1.17至图1.19所示样张。

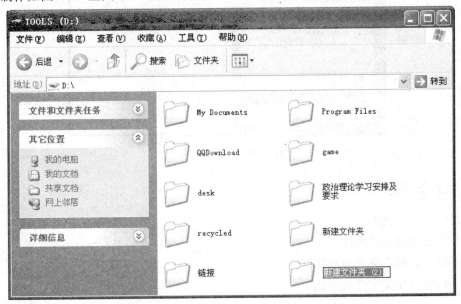

图1.17 实例2:样张1

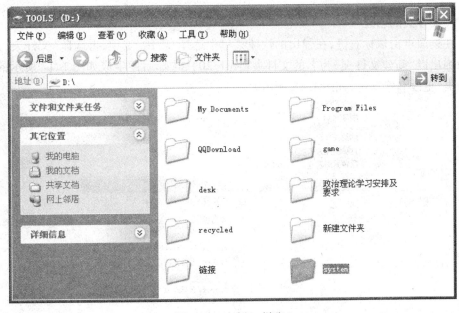

图1.18 实例2:样张2

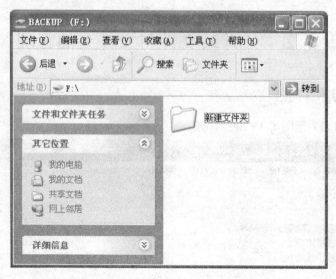

图 1.19 实例 2：样张 3

1.2.2 实例培养目标

(1) 会文件夹的创建；
(2) 会文件夹的操作；
(3) 会隐藏文件或显示文件夹；
(4) 会自定义文件夹图标。

1.2.3 实例操作步骤

1. 文件夹的创建

在桌面点击鼠标右键，在弹出的快捷菜单中选择"新建"选项，再选择"文件夹"选项，桌面弹出以"新建文件夹"为名的文件夹(图 1.20)，选择后便生成如图 1.17 所示的新建文件夹，更改名字即可，如图 1.18 所示。

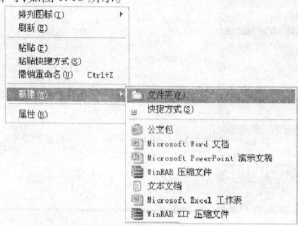

图 1.20 新建文件夹

2. 文件夹的操作

（1）复制文件或文件夹。在要复制的文件夹上单击鼠标右键，选择"复制"命令（图1.21），在要放置的位置上再单击鼠标右键，选择"粘贴"命令（图1.22），即可实现文件或文件夹的复制。（注：同时选择多个文件或文件夹时，按住 Ctrl 键）

图 1.21　复制文件夹

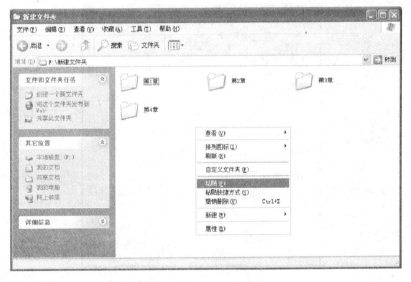

图 1.22　粘贴文件夹

（2）移动。在要移动的文件夹上单击鼠标右键，选择"剪切"命令（图1.23），在要放置的位置上单击鼠标右键，选择"粘贴"命令，即可实现文件或文件夹的移动。

（3）修改文件名。在文件或文件夹上单击鼠标右键，选择"重命名"命令，删除原来的文字，输入要更改的名字，按回车键修改完成。

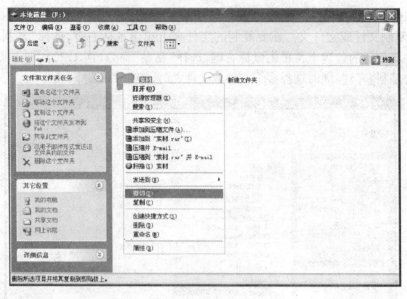

图 1.23　剪切文件夹

3. 隐藏文件或显示文件夹

（1）在文件或文件夹上单击鼠标右键，在弹出的菜单中选择"属性"选项。

（2）在弹出的"素材属性"对话框，选中"隐藏"复选框，单击"确定"按钮（图 1.24），改后效果见图 1.9，可见文件夹隐藏后不可见。

图 1.24　设置文件夹隐藏

4. 查看隐藏文件或文件夹

在"我的电脑"窗口中选择"工具"菜单，选择"文件夹选项"（图 1.25）。在弹出的"文件夹选项"对话框中选择"查看"选项卡，在"高级设置"列表框中选择"显示所有文件和文件夹"（图 1.26），单击"确定"按钮。

第 1 章 Windows XP 办公技术

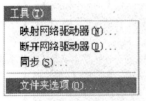

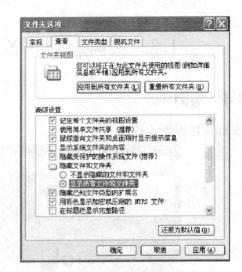

图 1.25 选择文件夹选项　　图 1.26 设置显示所有文件和文件夹

5. 自定义文件夹图标

（1）在文件或文件夹上点击鼠标右键，选择"属性"选项，在弹出的对话框中，选择"自定义"选项卡（如图 1.27），单击"更改图标"按钮（图 1.28），更改完成后，单击"确定"按钮。

图 1.27 自定义文件夹属性　　图 1.28 更改文件夹图标

1.3 实例3:创建多用户操作系统

1.3.1 实例样张

制作如图1.29所示样张。

图1.29 实例3:样张

1.3.2 实例培养目标

(1)会创建、管理用户账户;
(2)会更改用户账户的登录方式;
(3)会切换账户;
(4)会搜索文件或文件夹。

1.3.3 实例操作步骤

1. 创建、管理用户账户

(1)打开控制面板,双击"用户账户"图标(图1.30),在弹出的"用户账户"窗口,单击"创建一个新账户"的超链接(图1.31)。

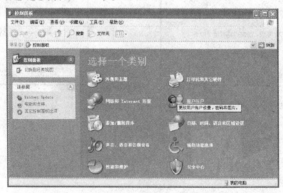

图1.30 设置控制面板中的用户账户

图 1.31 设置用户账户

（2）在弹出的"用户账户"窗口，在"为新账户键入一个名称"文本框中输入新账户的名称，单击"下一步"按钮（图 1.32）。

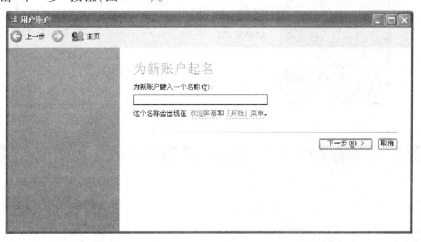

图 1.32 设置新账户

（3）在弹出的窗口中提示用户选择创建的账户类型，单击"创建账户"按钮（图 1.33）。

（4）弹出"用户账户"窗口，显示刚刚创建的新账户，如图 1.29 所示。

（5）单击"更改账户"超链接，在弹出的窗口中输入新账户名称，单击"改变名称"按钮（图 1.34）。

（6）单击"创建密码"超链接，在弹出的窗口中输入新密码并确认输入，单击"创建密码"按钮（图 1.35，1.36）。

（7）单击"更改图片"超链接，在弹出的窗口中选择图片，单击"更改图片"按钮（图 1.37）。

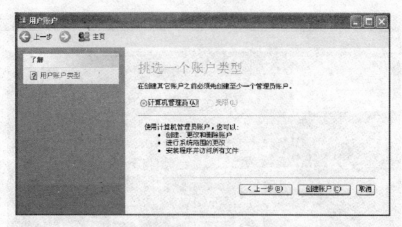

图1.33 选择账户类型

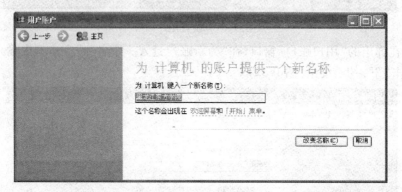

图1.34 更改账户名称

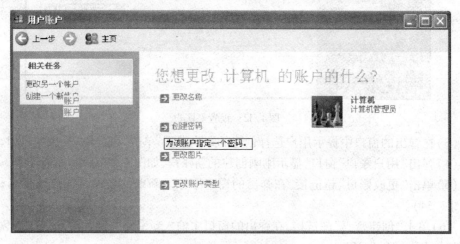

图1.35 为账户创建密码

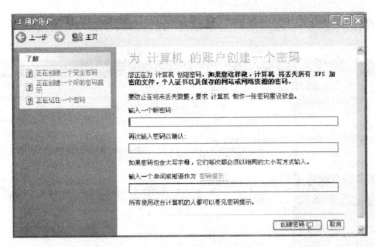

图 1.36 输入账户密码

图 1.37 创建账户图标

2. 更改用户账户的登录方式

(1) 单击"更改用户登录或注销的方式"超链接(图 1.38)。

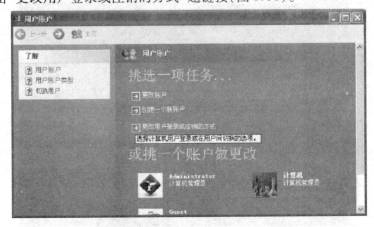

图 1.38 更改或注销用户登录

(2)在弹出的窗口中,选择用户登录或注销的方式,单击"应用选项"按钮(图1.39)即可。

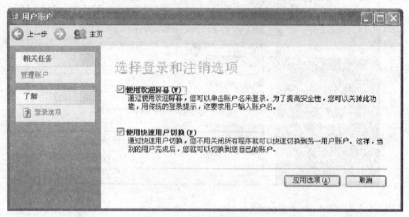

图1.39　应用选项

3.切换账户

(1)单击"开始"→"注销"按钮,在弹出的"注销 Windows"对话框中,单击"切换用户"按钮(图1.40)。

图1.40　切换用户按钮

(2)在欢迎界面中,点击要登录的用户账户(图1.41)。

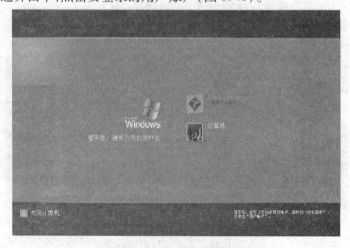

图1.41　登录用户账户

1.4 实例4：搜索文件或文件夹

1.4.1 实例样张

制作如图1.42所示样张。

图1.42 实例4:样张

1.4.2 实例培养目标

会搜索文件与文件夹。

1.4.3 实例操作步骤

单击"开始"菜单中的"搜索"选项,打开"搜索结果"窗口,在文本框中输入文件名或文件包含的文字并在定搜索范围,单击"立即搜索"按钮(图1.42)。

小知识:在搜索过程中,要停止搜索,单击"停止搜索"按钮,搜索完成后,右边窗口内显示搜索的结果。

1.5 实例5:输入法

1.5.1 实例样张

制作如图1.43、图1.44所示样张。

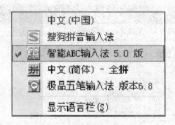

图1.43 实例5:样张1

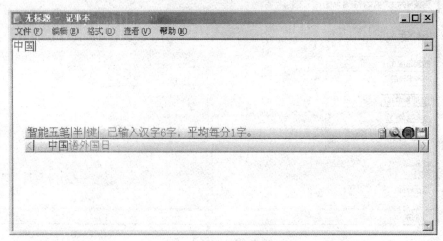

图1.44 实例5:样张2

1.5.2 实例培养目标

(1)会添加与删除输入法;
(2)会切换输入法;
(3)会五笔输入法。

1.5.3 实例操作步骤

1. 添加与删除输入法

(1)添加系统内输入法。

①在输入法处单击鼠标右键,点击"设置"选项,打开"汉字服务和输入语言"对话框,选择"设置"选项卡,单击"添加"按钮,弹出"添加输入语言"对话框(图1.45)。

②在"输入语言"下拉列表中选择"中文(中国)"选项,在"键盘布局/输入法"下拉列表中选择要添加的输入法(图1.46),单击"确定"按钮。

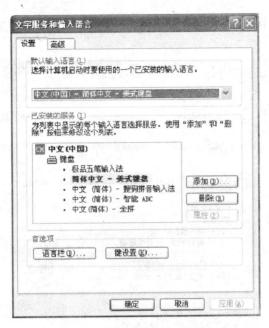

图 1.45 添加输入语言对话框

图 1.46 添加输入语言

③返回"文字服务和输入语言"对话框,在对话框中显示可添加的输入法(图1.47),单击"确定"按钮。

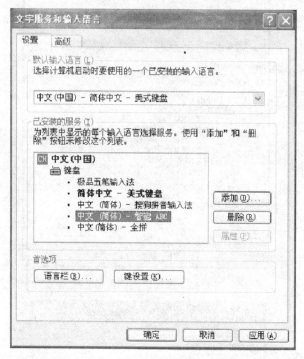

图1.47 已添加的输入法

④打开输入法列表,即可看到添加的输入法,如图1.43所示。

(2)添加系统外输入法。以安装万能五笔为例,添加的具体操作步骤如下:

①双击已下载的"万能五笔"图标,弹出"万能输入法安装程序"对话框,单击"下一步"按钮(图1.48)。

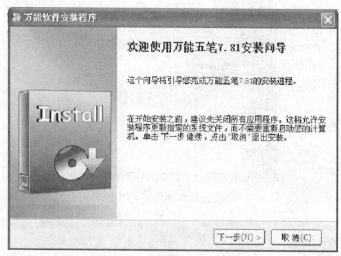

图1.48 安装万能五笔

②根据提示,进行安装(图1.49)。

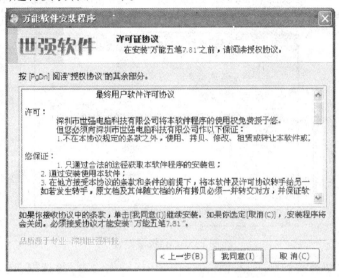

图1.49　安装软件协议

2. 切换输入法

(1)打开"文字服务和输入语言"对话框,选择"设置"选项卡,单击"键设置"按钮(图1.50)。

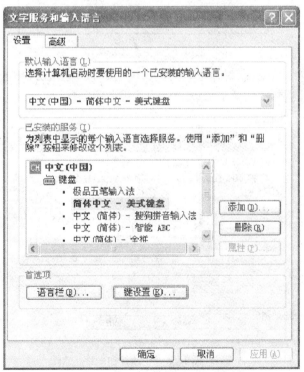

图1.50　键设置按钮

(2)弹出"高级键设置"对话框,在列表框中选择"在不同的输入语言之间切换"选项,单击"更改按键顺序"按钮(图1.51)。

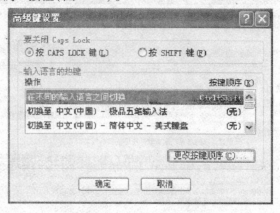

图1.51　高级键设置

(3)弹出"更改按键顺序"对话框,选中"切换输入语言"复选框,选中输入法的切换组合键单选按钮(图1.52),单击"确定"按钮。

图1.52　更改按键顺序

(4)返回"高级键设置"对话框,选择要切换按键的输入法,单击"更改按钮顺序"按钮,弹出"更改按钮顺序"对话框,选中"启用按键顺序"复选框,并选择组合键(图1.53、图1.54),单击"确定"按钮。

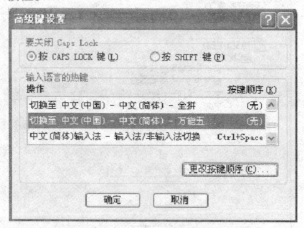

图1.53　更改按钮顺序

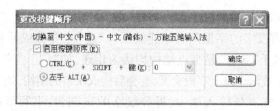

图 1.54　启用按键顺序

3.五笔输入法

五笔输入法是利用汉字的笔画组合文字原理,采用汉字的字型信息进行编码的输入法,它与拼音码相比,击键次数少,重码率低,也更加直观。因此,五笔字型是专业录入人员普遍使用的一种输入法。

(1)汉字的 5 种笔画。汉字来源于甲骨文,当时的书写并不规范,经过漫长的时间才逐渐演变成今天以楷书为主要的书写形式。每一个笔画就是楷书中一个连续书写的不间断线条。在五笔输入法中,研制者将笔画归纳为 5 种,分别是:"一"、"丨"、"丿"、"丶"、"乙"(即横、竖、撇、捺、折),并分别将它们的代号定义为 1,2,3,4,5,如表 1.1 所示 。

表 1.1　汉字的 5 中笔画

代号	笔画名称	笔画走向	笔画
1	横	左→右	一
2	竖	上→下	丨
3	撇	右上→左下	丿
4	捺	左上→右下	丶
5	折	带转折	乙

(2)汉字的字型。汉字的字型是指构成汉字的各个基本字根在整字中所处的位置关系。汉字是一种平面文字,同样的字根,如果摆放的位置不同(即字型不同),就是不同的字,如"吧"和"邑"、"岂"和"屺"等。由此可见,字型是汉字的一种重要特征信息。在五笔输入法中,根据构成汉字的各字根之间的位置关系,将所有的汉字分为 3 种字型:左右型、上下型和杂合型 。

(3)汉字的结构。汉字都是由字根和笔画组成,或者说是拼合而成,学习五笔输入法的过程,就是学习将汉字拆分为基本字根的过程,而要正确地判断汉字字型和拆分,就必须要了解汉字的结构。字根由笔画组成,它是构成汉字最基本、最重要的单位。由于汉字是由字根组合而成,所以研究汉字的结构必须从字根之间的结构关系开始。

在五笔字型编码方案中,汉字的构成主要有以下 3 种情况:笔画、字根和整字同一体,如"一"等;字根本身也是整字,这类字根叫做成字字根,如"巴"、"白"等;每个字可拆分成几个字根(独体字除外),既可以把汉字拆到字根级,也可以拆到笔画级。

正确地将汉字分解成字根是五笔字根输入法的关键。基本字根在组成汉字时,按照它们之间的位置关系可以分成单、散、连和交 4 种结构。

①单。字根本身就是一个独立的汉字,如"马"、"牛"、"田"、"车"等。

它们被称为成字字根,其编码有专门规定,不需要判别字型。

②散。几个字根共同组成一个汉字时,字根间保持了一定的距离,既不相连也不相

交、上下型、左右型和杂合型的汉字都可以是"散"的结构,如"功"、"字"、"皇"等。

③连。连指构成汉字的字根间有相连关系。"连"主要分成两种情况:一是单笔画与字根相连,如"自"、"千"等;二是带点结构均认为相连,如"勺"、"主"、"头"等。

④交。交指两个或两个以上字根交叉、套叠后构成汉字的结构,如"里"、"夷"、"丰"等。

(4) 拆字规则。在五笔输入法中,拆分汉字的规则为:书写顺序、取大优先、兼顾直观、能连不交和能散不连。

①书写顺序。拆分汉字时,一定要按照正确的汉字书写顺序进行。

②取大优先。按照书写顺序拆分汉字时,应以再添一个笔画便不能成为字根为限,每次都拆取一个尽可能笔画多的字根。

③兼顾直观。在拆分汉字时,为了照顾汉字字根的完整性,有时不得不放弃"书写顺序"和"取大优先"两个规则,形成个别例外情况。

④能连不交。当一个汉字既可以拆分成相连的几个部分,也可以拆分成相交的几个部分时,在这种情况下相连的拆字法是正确的。

⑤能散不连。当汉字被拆分的几个部分都是复笔字根(不是笔画),它们之间的关系既可以为"散",也可以为"连"时,按"散"拆分。

(5) 汉字的字根。汉字的五种笔画交叉连接而形成的相对不变的结构称为字根。在五笔输入法中,归纳了130个基本字根,结合使用这些字根可以组合出全部的汉字。

字根的选择主要有以下几方面的规则。

①能组成很多的汉字,如"王"、"土"、"大"、"木"、"工"、"目"、"日"、"口"、"田"、"山"等;

②组字能力不强,但组成的字特别常用,如"白"(组成"的")、"西"(组成"要")等;

③绝大多数的字根都是汉字的偏旁部首,如"人"、"口"、"手"、"金"、"木"、"水"、"火"、"土"等;

④在五笔输入法中,有的字根还包括几个近似字根,主要有以下几种情况:字源相同的字根,如"心"、"忄"和"水"、"氵"等;形态相近的字根,如"艹"、"廾"、"廿"和"已"、"己"、"巳"等;便于联想的字根,如"耳"、"卩"、"阝"等。

(6) 字根的分布。在五笔输入法中,将所有字根按照起笔的类型分为5个区,每一个区又分为5组,共计25组,分布在25个英文字母键(不含Z键)上,如图1.55所示。其中,每个区包括5个英文字母键,每一个键称为一个位。为区和位设置1~5的编号,分别称为区号和位号。每个区的位号都是从键盘中间向外侧顺序排列。每个键都有唯一的两位数的编号,区号作为十位数字,位号作为个位数字。

记住这些字根及其键位就是学习五笔的基本功和首要步骤。由于字根较多,为了便于记忆,研究者编写了一首"助记歌",帮助初学者记忆。"助记歌"按照字根的区进行划分,如图1.56所示。

(7) 使用五笔输入法输入汉字。在对字根有了基本的了解后,即可使用五笔输入法汉字。目前,常用的五笔输入法包括万能五笔输入法、智能五笔输入法、极品五笔输入法等。下面介绍如何使用智能陈桥五笔输入法在记事本中输入汉字。

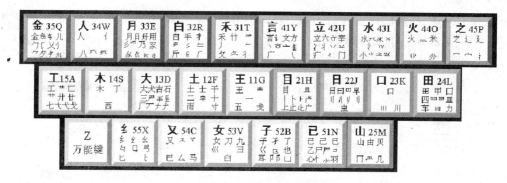

图 1.55　字根分布图

```
11　王旁青头戋五一，12　土士二干十寸雨。13　大犬三羊古石厂，
14　木丁西，15　工戈草头右框七。
21　目具上止卜虎皮，22　日早两竖与虫依。23　口与川，字根稀，
24　田甲方框四车力。25　山由贝，下框几。
31　禾竹一撇双人立， 反文条头共三一。32　白手看头三二斤，33　月衫乃用家衣底。
34　人和八，三四里，35　金勺缺点无尾鱼，犬旁留义儿一点夕，氏无七。
41　言文方广在四一，高头一捺谁人去。42　立辛两点六门病，43　水旁兴头小倒立。
44　火业头，四点米，45　之宝盖，摘ネ(示)ネ(衣)。
51　已半巳满不出己，左框折尸心和羽。52　子耳了也框向上。53　女刀九臼山朝西。
54　又巴马，丢矢矣，55　慈母无心弓和匕，幼无力。
```

图 1.56　字根分布及助记歌

4. 金山五笔打字通

市面上有许多练习五笔打字的软件，下面介绍一款相应的软件，如图 1.57 所示，为金

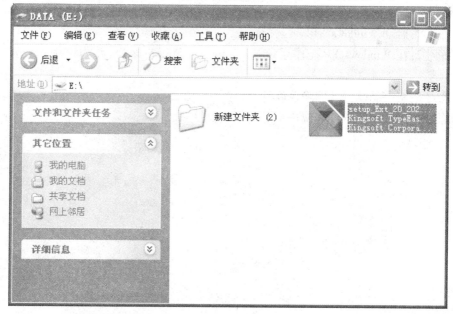

图 1.57　选择输入法

山五笔打字通,按照向导安装后可以进入相应的五笔练习(图1.58),可以练习字根、词组、单字、文章等,还能对其更详细的设置。

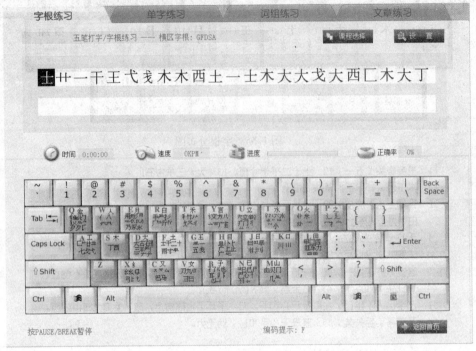

图1.58 输入汉字

1.6 知识点巩固与内容扩充

练习1:启动 Windows XP。

练习2:在 Windows XP 操作系统下,创建一个新用户账户,并为该用户设置密码保护。

练习3:安装新软件并删除该软件。

练习4:安装五笔软件并使用五笔输入法打字。

第 2 章 Word 2003 高级办公应用

Word 2003 是 Microsoft 公司推出的文字处理软件,是 Office 2003 办公软件套装的一个重要组成部分。它可以方便地进行文字、图形、图像和数据处理,是最常用的文档处理软件之一。本章一共给 7 个典型的办公应用实例,分别是制作新闻稿、客户资料卡、海报、员工通讯记录、制作邀请函、文章版面设计与图文混排及论文排版。这些精心设计的实例涵盖了自动化办公的主要知识点,是学习 Word 2003 高级办公的较好实例。

2.1 实例 1:制作新闻稿

2.1.1 实例样张

制作如图 2.1、图 2.2 所示的样张。

2.1.2 实例培养目标

(1)会设置页面;
(2)会设置文本框的格式;
(3)会设置文字字体格式;
(4)会插入图片或剪贴画;
(5)会掌握一般新闻纸、报纸、杂志的制作方法。

2.1.3 实例操作步骤

1. 准备工作

将新建的 Word 2003 文件保存并命名。

2. 设置页面格式

单击"文件"菜单栏中的"页面设置"选项,设置其中纸张大小为宽度 21 厘米、高度 29.7 厘米。上、下、左、右页边距分别为 1.9 厘米、1.6 厘米、2.01 厘米、2.01 厘米,装订线为左侧 0 厘米,页眉、页脚距边界为 0 厘米。

榆树街小学
北京市东城区新新大街
12345号
新闻快递日期
第1期，总第1期

三年级三班新闻快递

文章标题1

首先，选择新闻快递的简要标题或主题，例如"学校新闻"或"新学期新气象"。然后，选择新闻快递的完整标题，例如"三年级三班新闻快递"。如果需要，还可以添加副标题、以及新闻快递的日期。

使用新闻快递的正文可以通知家长学校的主要安排、班级事件以及任何时事新闻。也可说明学校安排和每日功课是如何符合国家当前的政策法规。

还可以包括本周的课堂测验和考试计划，以及任何学校活动例如郊游或联欢会等。

文章标题2

发表的每篇文章都需要其自己的标题。还需要使用剪贴画和图形对主题、活动或事件进行说明。如果没有足够的文字内容，可以用图形或班级照片填充空白区域。

将整个新闻快递的色调保持简洁和活泼。有时可能需要将班级规定通知学生家长。

文章标题3

首先，选择新闻快递的简要标题或主题，例如"学校新闻"或"新学期新气象"。然后，选择新闻快递的完整标题，例如"三年级三班新闻快递"。如果需要，还可以添加副标题、以及新闻快递的日期。

使用新闻快递的正文可以通知家长学校的主要安排、班级事件以及任何时事新闻。也可说明学校安排和每日功课是如何符合国家当前的政策法规。

图注

新闻快递将学习机会扩展到课外。通过让学生写文章记录班级中发生的事情，为他们提供了一个为读者写作的机会和经验。还可以让学生帮您选择新闻快递的颜色、挑选剪贴画、收集写作灵感、撰写和编辑文章，以及分发新闻快递。

文章标题4

首先，选择新闻快递的简要标题或主题，例如"学校新闻"或"新学期新气象"。然后，选择新闻快递的完整标题，例如"三年级三班新闻快递"。如果需要，还可以添加副标题、以及新闻快递的日期。

使用新闻快递的正文可以通知家长学校的主要安排、班级事件以及任何时事新闻。也可说明学校安排和每日功课是如何符合国家当前的政策法规。

图2.1　实例1:样张1

三年级三班新闻快递　　　　　第二页

▪ **本周日程安排**

　　本周的自然课上我们将要学习一些关于动物的知识，从远古时代的恐龙到同学们家养的宠物，同时老师还将介绍一些天文学方面的常识。课后同学们需要在周五前完成对自己最喜欢的动物的调查报告。周四我们去动物园的参观为大家提供了一个收集写作素材的好机会。

　　本周的数学课上我们要开始学习新的应用题类型。在语文课上我们会开始学习第一课的生词。

学生提醒

- 周一升旗仪式穿校服
- 周四郊游带午餐
- 周五交自然课调查报告

家长提醒

　　您的孩子在这学期需要下列学习用具：
1. 3个笔记本
2. 1盒铅笔
3. 1套水彩笔
4. 橡皮
5. 直尺
6. 圆规
7. 手工剪刀

▪ **本周课程摘要**

星期一
在自然课上学习有关恐龙和宠物知识。

星期二
在美术课上画自己最喜欢的动物。

星期三
在自然课上学天文常识。

星期四
去动物园参观。

星期五
在礼堂听消防安全讲座，学习必备的消防知识。

本周重要活动

　　升旗仪式
　　9月3日星期一，早7点，学校操场

　　参观校内科学周展览
　　9月5日星期三，放学后，学校礼堂

　　学校教学检查
　　为掌握学生的学习情况和教师的授课水平，学校订于在本周开展教学质量大检查活动。采取的形式有：由检查小组到各个班级中听课，组织一些学生进行座谈等等。

感谢所有同学！

特别感谢下列同学：

陈浩：自愿每节课后帮助老师擦黑板

李华：把自己收集的关于恐龙的材料拿到学校与同学分享

王敏：自愿在课后留下来，帮助老师整理同学的假期作业

还要感谢王老师带来英文单词挂图装饰教室

图2.2　实例1:样张2

3. 页面布局设置

(1)将准备好的图片(图2.3)复制、粘贴到 Word 文档中。

图2.3　原文素材图片

(2)单击"视图"菜单栏→"工具栏"→"绘图",选择矩形,如图2.4所示,在页面当中拖拽一个整页的矩形框。

图2.4　用绘图工具栏绘制矩形

4. 设置自选图形格式

(1)在矩形框上单击鼠标右键,单击"设置自选图形格式",如图2.5所示。

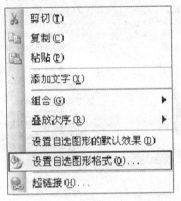

图2.5　打开"设置自选图形格式"

(2)线条颜色选为"红色",填充颜色选为"无填充颜色",线条粗细为"1.75磅",如图2.6所示,版式为"衬于文字下方",如图2.7所示。

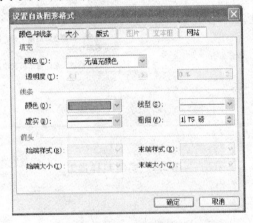

图2.6　"设置自选图形格式"对话框

图 2.7　设置图形版式

5. 设置文本框格式

（1）在原文素材图片中单击"插入"菜单栏→"文本框"→"横排"，拖拽出一个大小适中的文本框(图 2.8)。

图 2.8　在绘图工具栏中插入文本框

（2）在文本框里输入"新学期 新气象"（如样张），设置字体为"黑体"，字号为"32"，字形为"加粗倾斜"，字体颜色为"黄色"，效果为"阴影"、"小型大写字母"，如图 2.9 所示。

图 2.9　设置字体

（3）在文本框上单击鼠标右键，弹出"设置文本框格式"对话框，填充颜色为"无填充颜色"，线条颜色为"无线条颜色"（图 2.10），版式设为"浮于文字上方"（图 2.11），完成后如图 2.12 所示。

（4）在"新学期"图片（图 2.12）的右侧拖拽一个矩形框，同样设置文本框格式，填充颜色为"浅黄"。

图 2.10 "颜色文本框格式"选项卡

图 2.11 "版式"选项卡

图 2.12 设置好的样张中的图片

(5)在矩形框内添加一个大小适中的文本框,在文本框内输入"榆树街小学"字体大小为"小四",字体为"黑体",字形为"加粗",颜色为"浅蓝"。在下一行输入"北京市东城区新新大街 12345 号",字体大小为"小五",字体为"黑体",下一行输入"新闻快递日期第 1 期,总第 1 期",字体大小为"小五",字体为"宋体",颜色为"红色",字符间距中的间距设为"加宽",磅值为"1 磅"(图 2.13),便做出如样张所示的文本框。

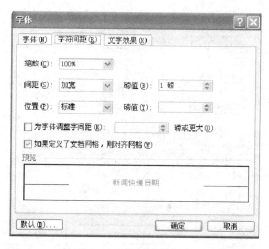

图 2.13 设置字符间距

(6)添加多个文本框,输入新闻稿的标题及内容,其中新闻稿的正标题字体大小为"28 号",字体为"隶书",字形为"加粗","红色",字符间距加宽为"0.5"磅。新闻稿副标题字体大小为字号为"三号",字形为"黑体",颜色为"浅蓝"。新闻稿内容字体为"宋体",字号为"10"。

6. 添加项目符号

(1)选中第二页中"学生提示"下面的三项内容,单击"格式"菜单栏→"项目符号和编号"→"项目符号",选择任意符号后选中"自定义"按钮,打开如图 2.14 所示的对话框,从中选择"·"后确定,单击"字体"按钮,设置字号为"11",颜色为"浅蓝"色,设置缩进格式为项目符号位置为"0.5 厘米",文字制表位位置为"0.5 厘米",文字缩进位置为"0 厘米"(图 2.15)。

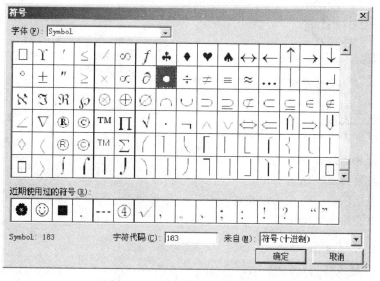

图 2.14 插入自定义项目符号

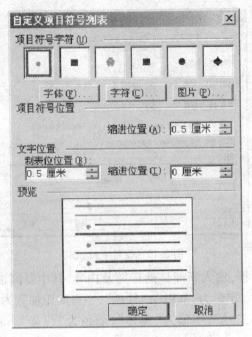

图 2.15 设定符号位置和文字位置

(2) 用同样方法编辑出"家长提示"下方内容的编号。

7. 剩余部分的工作

输入第二章新闻稿的所有内容,方法和格式同上,制作完成。

2.2 实例2:制作客户资料卡

2.2.1 实例样张

制作如图 2.26 所示样张。

2.2.2 实例培养目标

(1) 会创建表格;
(2) 会设置表格单元格的高度和宽度;
(3) 会合并与拆分单元格;
(4) 会表格内文字格式的设置;
(5) 会表格内外边框线的设置;
(6) 会单元格格式的设置;
(7) 会表格的编辑、设置。

2.2.3 实例操作步骤

1. 准备工作

对新建的 Word 2003 文件进行保存、命名。

客户资料卡

	公司名称			代号		统一编号		
客户基本资料	公司地址			电话		公司执照	字第	号
	工厂地址			电话		工厂登记证	字第	号
	公司成立	年 月 日	资本额		员工人数 职员		人 作业员	人
	主要业务				行业类别			
	负责人	身份证号码		配偶		身份证号码		
	居住地址			电话		担任本职期间		
	执行业务者	身份证号码		配偶		身份证号码		
	转投资企业				转投资效益	□良好 □尚可 □亏损		
营运资料	产品种类							
	主要销售对象							
	年营业额		纯益率		资产总额			
	负债总额		负债比率		权益净值			
	最近三年每股盈余		流动比率		固定资产			
银行往来情形	金融机构名称	类别	账号	开户日期	退票及注销记录	金融机构评语		
补充说明								
	审查		经(副)理		科长		业务员	

图 2.16 实例 2：样张

2. 创建表格

(1) 先输入标题"客户资料卡"，将其设为宋体、加粗、二号、紫罗兰色、双下划线、居中。

(2) 单击"表格"菜单栏→"插入"→"表格"，从中选择 5 行 2 列(图 2.17)。

· 35 ·

图 2.17　"插入表格"对话框

3. 插入或删除列与行

将光标放在插入行所在的单元格中，或选定待插入的行，然后选择"表格"菜单中的"插入"选项，在打开的子菜单中选择"行/列（在上方）"或"行/列（在下方）"选项，此时在所选行的上方或下方就插入了一个空表格行（图 2.18）。

图 2.18　插入列

4. 插入或删除单元格

（1）选定一个或多个单元格，选择"表格"菜单中的"插入"选项，选择"单元格"选项，可根据需要选择。

（2）选择要删除的一个或多个单元格（图 2.19），选择"表格"菜单中的删除选项，在打开的菜单中选择"单元格"，可根据需要选择。

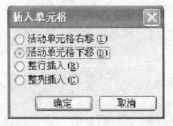

图 2.19　"插入单元格"对话框

5. 调整表格的大小

将鼠标指针放在表格的边框线上，鼠标指针会变成相应方向的调整光标形状，根据需要向相应的方向拖动鼠标(图2.20)。

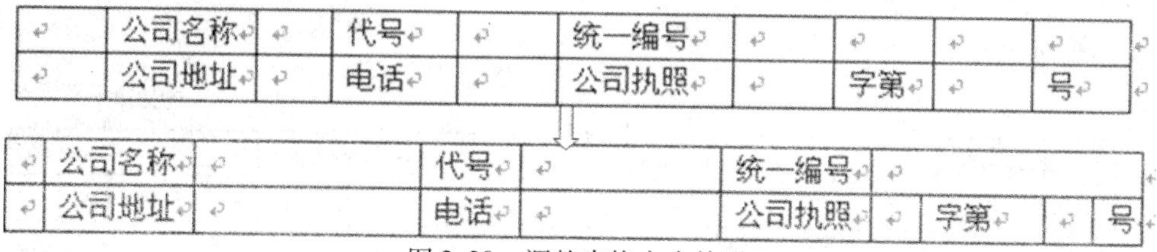

图2.20　调整表格大小前后

6. 合并与拆分单元格

(1)选定要合并的多个单元格，选择"表格"菜单中的"合并单元格"选项，或单击"表格和边框"工具栏中的"合并单元格"按钮，或在其上单击鼠标右键，选择"合并单元格"选项，合并前后的变化如图2.21所示。

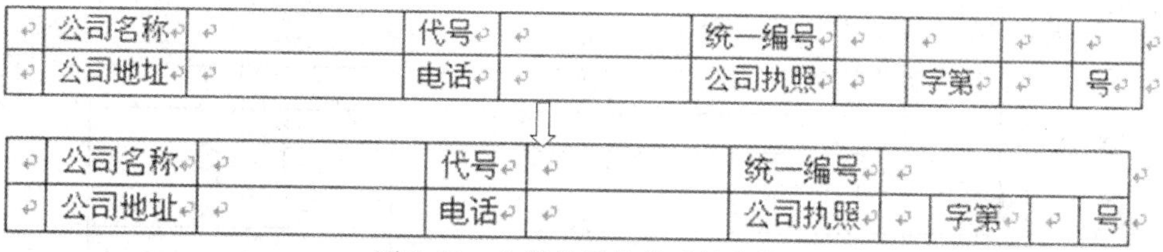

图2.21　合并单元格前后的变化

(2)选定要拆分的单元格，选择"表格"菜单中的"拆分单元格"选项。

7. 表格加边框和底纹

(1)单击"表格"菜单栏→"绘制表格"，如图2.22所示，单击"线形"下拉列表框中的下拉按钮，选择需要的表格边框的线形，在"粗细"下拉列表框中，可以选择需要的表格边框的宽度，在"边框线的颜色"下拉列表中选择边框的颜色，在"外侧边框线"的列表框中可按需要选择外侧的边框线条。

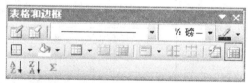

图2.22　表格和边框工具栏

(2)在绘制表格中，将线形选择"无边框"，在需要的地方绘制，即可完成无边框的设置，如图2.23示，前后的变化见图2.24。样张中的双线是通过先在线性中选择双线，然后选择绘制表格按钮，在需要双线的地方描绘即可。

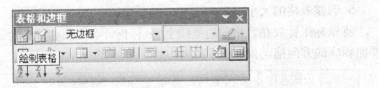

图 2.23　制表格工具

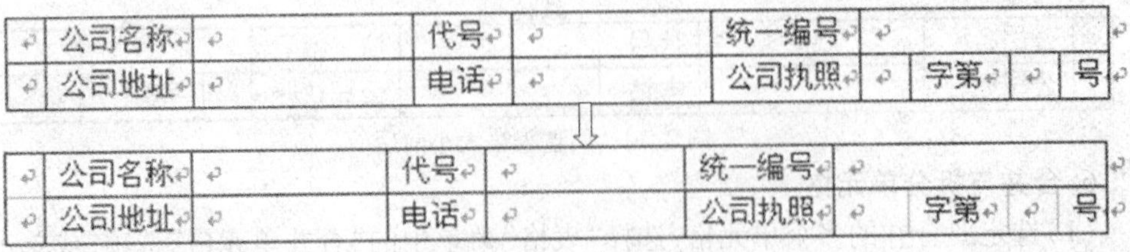

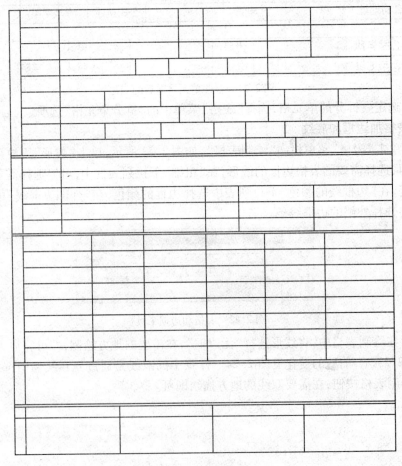

图 2.24　绘制无边框前后的变化

（3）利用合并、拆分单元格，插入、删除单元格、调整单元格大小及表格加边框和底纹的方法，建立如图 2.25 所示的表格。

图 2.25　未添加内容的表格

由于本样张涉及的步骤较多,作者只提供部分步骤作为参考:

8. 部分实际操作步骤

(1)在创建的5行2列的表格中,利用前面提到的"调整表格大小"将第一列变为如样张所示的宽度,将各行适当地加宽。

(2)将第1行的第2列拆分成9行2列,适当地调整新添加的第2列的宽度,这样整个第1大行就变为了3列。

(3)将第1小行第3列拆分成5列,适当调整到样张所示的宽度,用相同的方法再拆分第2和第3小行的列,再拆分某些局部列(如样张中的"公司执照"右侧的列)。

(4)将第4小行的第3列拆分成1行15列,调整大小后,可以利用前面的"绘制无边框"工具将不需要显示的边框描绘。

(5)利用前面讲过的(1)~(7)的操作方法就可以绘制出如图2.25所示的表格。

(6)表格中的"□"符号,通过"插入"菜单栏中的"符号",选择"符号"选项卡,在图2.26所示的对话框中选择"□"符号,点击"插入"按钮即可。

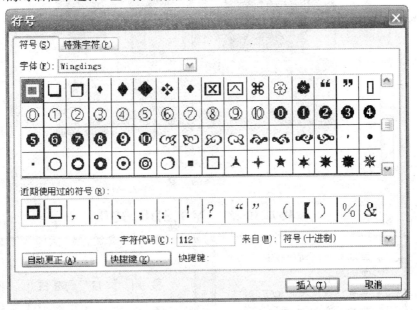

图2.26　插入符号

(7)向表内添加内容,如样张所示,将文字内容设为宋体、小四、加粗、深蓝、居中,制作完成。

2.3 实例3：制作海报

2.3.1 实例样张

制作如图 2.27 所示样张。

图 2.27 实例3：样张

2.3.2 实例培养目标

(1) 会添加与设置文本框；
(2) 会设置文字格式；
(3) 会添加图片；
(4) 会添加特殊符号；
(5) 会设置项目符号与编号。

2.3.3 实例操作步骤

1. 准备工作

对新建的 Word 2003 文件进行保存、命名。

2. 页面布局设置

单击"视图"菜单栏→"工具栏"→"绘图"，在 Word 文档的底部便出现了绘图工具栏，选择矩形，如图 2.4 所示，在页面当中拖拽一个整页的矩形框。

3. 设置自选图形格式

(1) 在矩形框中单击鼠标右键，设置自选图形格式，如图 2.5 所示。

(2) 设置"填充颜色"中的"其他颜色"，选择"自定义"选项卡，选择颜色模式为"RGB"，并设置"R(240)G(235)B(220)"(图 2.28)；用同样的方法设置线条颜色为"R(170)G(160)B(125)"，线型粗细为"3.5 磅"，如图 2.29 所示。

(3) 版式设为"衬于文字下方"。

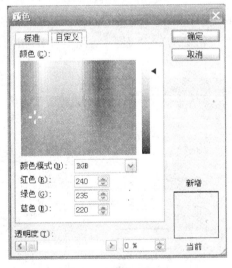

图 2.28 自定义颜色

图 2.29 填充完自定义颜色后的格式框

(4) 输入海报标题(如样张)，字体为"隶书"，颜色为"褐色"，字号为"40"，字形为"加粗"，对齐方式为"居中"。

(5) 在标题下方粘贴海报的素材图片，并设置为"居中"。

4. 设置文本框格式

(1)单击"插入"菜单栏→"文本框"→"横排",在图片下方拖拽出一个大小适中的文本框(图2.8)。

(2)在文本框上单击鼠标右键,选择"设置文本框格式",填充颜色为"无填充颜色",线条颜色为"无线条颜色"(图2.10),版式设为"浮于文字上方"(图2.11)。

(3)在文本框中输入别墅地址及转让价格(如样张),别墅地址的内容的字体为"隶书",字号为"14号",转让价格内容的字体为"隶书",字形为"加粗",字号为"20号",在"转让价格"后插入"￥"符号,选择"插入"→"符号"(图2.30),选择如样张所示的符号即可。

图2.30　插入人民币符号

(4)在别墅转让信息的下方,分别拖拽两个大小适中的文本框(如样张),并设置文本框格式,将两个文本框的线条颜色设为"褐色",粗细为"4.5磅",线型为粗细相间线(图2.31)。

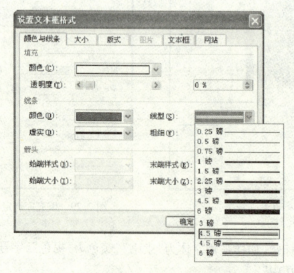

图2.31　"设置文本框格式"对话框

(5)在文本框中输入相应的内容,字体设置为"14号",字体为"隶书"。

(6)选中输入完的内容,点击"格式"菜单栏中的"项目符号和编号",选择"项目符号"中的任意一符号,单击"自定义"按钮,选择"自定义项目符号列表"→"字符",选择样张中的符号(图2.32),再单击"字体"按钮,设置符号的字体(图2.33),为"黑色"、"9号",在"自定义项目符号列表"中设置"项目符号位置"的"缩进位置"为"0.63厘米",制表位位置"1.14厘米",缩进位置为"1.14厘米"(图2.33)。

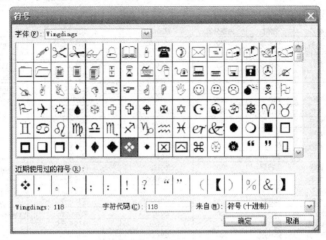

图2.32 插入自选项目符号

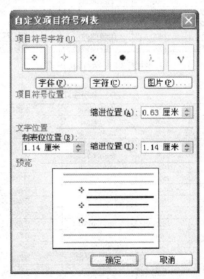

图2.33 自定义符号

(7)在右侧的文本框中输入相应的内容,制作完成。

2.4 实例4：制作员工通讯记录

2.4.1 实例样张

制作如图 2.34、图 2.35 所示样张。

员工通讯录

员工编号	姓名	部门	内部分机	移动电话	家庭住址	电子邮箱
SQ0001	张军	销售部	2601	1388160261	一环路东五段	zhangjun@163.com
SQ0002	江海梅	客户部	2501	1389160262	一环路南三段	jianghaim@163.com
SQ0003	林玲	人事部	2401	1389160263	三环路北一段	linling@126.com
SQ0004	周小	宣传部	2301	1389160264	二环路东二段	zhouxiao@163.com
SQ0005	丁一	技术部	2201	1389160265	红星中路	dingying@163.com
SQ0006	何嘉宁	销售部	2602	1389160266	市中心	hejialin@tom.com
SQ0007	朱伟	销售部	2603	1389160267	春熙路	zhuwei@163.com
SQ0008	刘云	技术部	2202	1389160266	一环路东五段	liuyun@163.com
SQ0009	肖峰	技术部	2203	1389160267	三环路北一段	xiaofeng@163.com
SQ00010	夏宇	技术部	2204	1389160268	一环路东五段	xiayu@yahoo.com
SQ00011	王玲	客户部	2502	1389160269	红星中路一段	wangling@163.com
SQ00012	沈嫒	客户部	2503	1389160270	科华北路	shenyuan@163.com
SQ00013	黄非	客户部	2504	1389160271	三环路北一段	wangfei@hotmail.com
SQ00014	叶可	客户部	2505	1389160272	一环路东五段	yeke@hotmail.com
SQ00015	余娟	销售部	2604	1389160273	玉林中路	yujuan@tom.com
SQ00016	张小伟	销售部	2605	1389160274	数码广场	zhangxiaowei@yahoo.com
SQ00017	吴大志	销售部	2606	1389160275	一环路东五段	wudazhi@126.com
SQ00018	汪方方	销售部	2607	1389160276	红星中路	wangfangf@163.com
SQ00019	周聪	宣传部	2302	1389160277	一环路东五段	zhouchon@163.com
SQ00020	张强	宣传部	2303	1389160278	科华北路	zhangpiang@163.com
SQ00021	文林	宣传部	2304	1389160279	数码广场	wenlin@126.com
SQ00022	龙玲玲	宣传部	2305	1389160280	三环路北一段	Longling1@163.com
SQ00023	谢家冲	人事部	2402	1389160281	红星路口	xiejiachon@163.com
SQ00024	牛云	人事部	2403	1389160282	一环路东五段	niuyun@163.com

图 2.34 员工通讯录

员工通讯录

员工编号	姓名	部门	内部分机	移动电话	家庭住址	电子邮箱
SQ00010	夏宇	技术部	2204	1389160268	一环路东五段	xiayu@yahoo.com
SQ0005	丁一	技术部	2201	1389160265	红星中路	dingying@163.com
SQ0008	刘云	技术部	2202	1389160266	一环路东五段	liuyun@163.com
SQ0009	肖峰	技术部	2203	1389160267	三环路北一段	xiaofeng@163.com
SQ00011	王玲	客户部	2502	1389160269	红星中路一段	wangling@163.com
SQ00012	沈嫒	客户部	2503	1389160270	科华北路	shenyuan@163.com
SQ00013	黄非	客户部	2504	1389160271	三环路北一段	wangfei@hotmail.com
SQ00014	叶可	客户部	2505	1389160272	一环路东五段	yeke@hotmail.com
SQ0002	江海梅	客户部	2501	1389160262	一环路南三段	jianghaim@163.com
SQ00023	谢家冲	人事部	2402	1389160281	红星路口	xiejiachon@163.com
SQ00024	牛云	人事部	2403	1389160282	一环路东五段	niuyun@163.com
SQ0003	林玲	人事部	2401	1389160263	三环路北一段	linling@126.com
SQ0001	张军	销售部	2601	1388160261	一环路东五段	zhangjun@163.com
SQ00015	余娟	销售部	2604	1389160273	玉林中路	yujuan@tom.com
SQ00016	张小伟	销售部	2605	1389160274	数码广场	zhangxiaowei@yahoo.com
SQ00017	吴大志	销售部	2606	1389160275	一环路东五段	wudazhi@126.com
SQ00018	汪方方	销售部	2607	1389160276	红星中路	wangfangf@163.com
SQ0006	何嘉宁	销售部	2602	1389160266	市中心	hejialin@tom.com
SQ0007	朱伟	销售部	2603	1389160267	春熙路	zhuwei@163.com
SQ00019	周聪	宣传部	2302	1389160277	一环路东五段	zhouchon@163.com
SQ00020	张强	宣传部	2303	1389160278	科华北路	zhangpiang@163.com
SQ00021	文林	宣传部	2304	1389160279	数码广场	wenlin@126.com
SQ00022	龙玲玲	宣传部	2305	1389160280	三环路北一段	Longling1@163.com
SQ0004	周小	宣传部	2301	1389160264	二环路东二段	zhouxiao@163.com

图 2.35 设置后的员工通讯录

2.4.2 实例培养目标

(1)会创建表格并输入内容；
(2)会对表格进行简单的编辑、设置；
(3)会使用表格中的公式与排序。

2.4.3 实例操作步骤

1. 准备工作

对新建的 Word 2003 文件进行保存、命名

2. 创建表格

(1)先输入标题"员工通讯录"，将其设为黑体、22 号字、居中。

(2)单击"表格"菜单栏→"插入"→"表格"，打开如图 2.17 所示的对话框,从中可选择 23 行和 7 列。

3. 设置表格大小并输入内容

将鼠标指针放在表格的边框线上,鼠标指针会变成相应方向的调整光标形状,根据需要向相应的方向拖动鼠标。

> 小知识:如果想增大或缩小每一列的尺寸,只需要使用上面的方法先改变最边上一列的宽度,然后选中整个工作表,点击鼠标右键,在弹出的菜单中单击"平均分布各行"来改变所有列的宽度。

4. 编辑表格

(1)插入或删除列与行。将光标放在插入行所在的单元格中,或选定待插入的行,然后选择"表格"菜单中的"插入"或"删除"选项,在打开的子菜单中选择"行/列(在上方)"或"行/列(在下方)"选项,此时在所选行的上方或下方就插入了一个空表格行或列,前后变化如图 2.36 所示。

员工编号	姓名	部门	内部分机	移动电话	家庭住址	电子邮箱
SQ00010	夏宇	技术部	2204	1389160268	一环路东五段	xiayu@yahoo.com
SQ00012	沈媛	客户部	2503	1389160270	科华北路	shenyuan@163.com

⇩

员工编号	姓名	部门	内部分机	移动电话	家庭住址	电子邮箱
SQ00010	夏宇	技术部	2204	1389160268	一环路东五段	xiayu@yahoo.com
SQ00012	沈媛	客户部	2503	1389160270	科华北路	shenyuan@163.com

图 2.36 插入行前后的变化

(2)插入或删除单元格。选定一个或多个单元格,选择"表格"菜单中的"插入"或"删除"选项,选择"单元格"选项,可根据需要选择(图 2.18)。

5. 设置表格格式

(1)选定表格标题行,将字体设为五号、加粗。选定其他行,设置字体为"宋体",字号为"五号"。

(2) 添加表格内容如图 2.34 所示。

(3) 单击表格左上角的 田 图标，选定整个表格，然后单击鼠标右键，选择"表格属性"，单击"单元格"，在"垂直对齐方式"选项组中单击"居中"选项（图 2.37），表格中的内容立即居中显示，改变前后如图 2.38 所示。

图 2.37 设定表格内容的垂直对齐方式

员工编号	姓名	部门	内部分机	移动电话	家庭地址	电子邮箱
SQ00010	夏宇	技术部	2204	1389160268	一环路东五段	xiayu@yahoo.com
SQ00012	沈媛	客户部	2503	1389160270	科华北路	shenyuan@163.com

⇩

员工编号	姓名	部门	内部分机	移动电话	家庭地址	电子邮箱
SQ00010	夏宇	技术部	2204	1389160268	一环路东五段	xiayu@yahoo.com
SQ00012	沈媛	客户部	2503	1389160270	科华北路	shenyuan@163.com

图 2.38 设置内容对齐方式前后变化

(4) 表格内容的排序。将鼠标的插入点置于表格中，选择"表格"→"排序"，弹出如图 2.39 所示的对话框，将主要关键字选为"部门"（图 2.38），这样，相同部门的人就排在

图 2.39 表格中内容排序

了一起,排序前后变化如图 2.35 所示。如果希望对各部门的员工再按编号排序,可以在"次要关键字"中选择"员工编号",制作完成。

(5)选择表格标题行,然后单击鼠标右键,选择"边框和底纹"→"底纹"→"灰色-15%",应用范围选择"单元格"(图 2.40)。用同样的方法为不同部门的员工记录设置底纹(图 2.35),图 2.35 中的 5 个部门的底纹颜色有的是通过自定义颜色设置的(图 2.41),颜色模式均为 RGB,其中第 1 部门为 R(235)、G(177)、B(231),第 2 部门为黄色,第 3 部门为 R(255)、G(192)、B(0),第 4 部门为 R(146)、G(208)、B(80),第 5 部门为 R(84)、G(141)、B(212)。这样就做出如图 2.35 所示的结果。

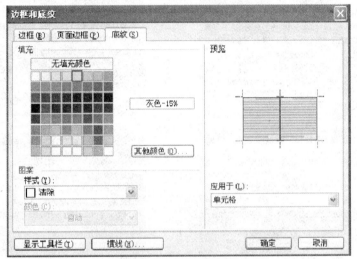

图 2.40 设置单元格底纹

小知识:如果想多行添加同一颜色的底纹,先选定一行,然后按住 Ctrl 键继续用鼠标在行的左侧单击,即可选择不连续的行添加相同的底纹。

图 2.41 设置第 1 部门的自定义底纹

2.5 实例5:制作邀请函

2.5.1 实例样张(篇幅所限邀请函只列举两页)

制作如图2.42~图2.44所示样张。

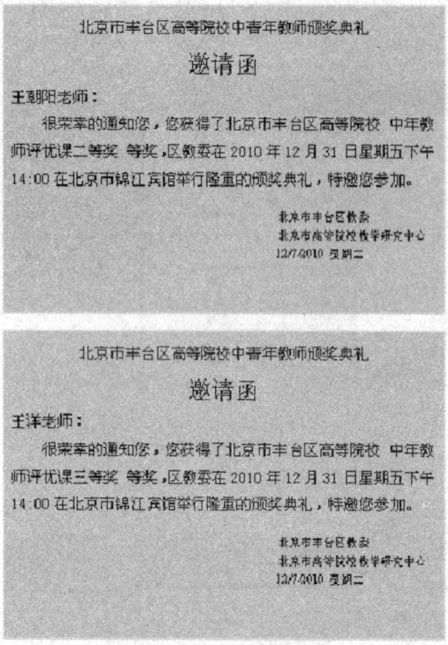

北京市丰台区高等院校中青年教师颁奖典礼

邀请函

王朝阳老师：

很荣幸的通知您，您获得了北京市丰台区高等院校 中年教师评优课二等奖 等奖，区教委在2010年12月31日星期五下午14:00在北京市锦江宾馆举行隆重的颁奖典礼，特邀您参加。

北京市丰台区教委
北京市高等院校教学研究中心
12/7/2010 星期二

北京市丰台区高等院校中青年教师颁奖典礼

邀请函

王洋老师：

很荣幸的通知您，您获得了北京市丰台区高等院校 中年教师评优课三等奖 等奖，区教委在2010年12月31日星期五下午14:00在北京市锦江宾馆举行隆重的颁奖典礼，特邀您参加。

北京市丰台区教委
北京市高等院校教学研究中心
12/7/2010 星期二

图2.42 实例5:样张1

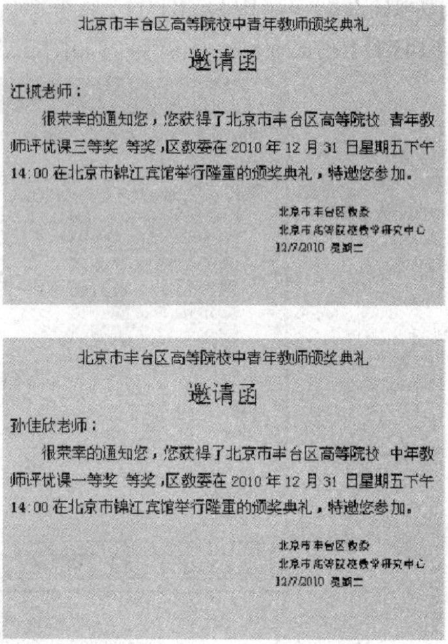

北京市丰台区高等院校中青年教师颁奖典礼

邀请函

江枫老师：

很荣幸的通知您，您获得了北京市丰台区高等院校 青年教师评优课三等奖 等奖，区教委在2010年12月31日星期五下午14:00在北京市锦江宾馆举行隆重的颁奖典礼，特邀您参加。

北京市丰台区教委
北京市高等院校教学研究中心
12/7/2010 星期二

北京市丰台区高等院校中青年教师颁奖典礼

邀请函

孙佳欣老师：

很荣幸的通知您，您获得了北京市丰台区高等院校 中年教师评优课一等奖 等奖，区教委在2010年12月31日星期五下午14:00在北京市锦江宾馆举行隆重的颁奖典礼，特邀您参加。

北京市丰台区教委
北京市高等院校教学研究中心
12/7/2010 星期二

图2.43 实例5:样张2

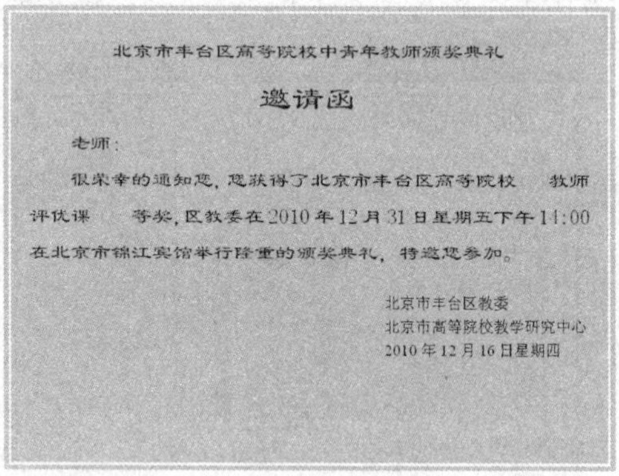

北京市丰台区高等院校中青年教师颁奖典礼

邀请函

老师：

很荣幸的通知您，您获得了北京市丰台区高等院校 教师评优课 等奖，区教委在2010年12月31日星期五下午14:00在北京市锦江宾馆举行隆重的颁奖典礼，特邀您参加。

北京市丰台区教委
北京市高等院校教学研究中心
2010年12月16日星期四

图2.44 实例5:样张3

2.5.2 实例培养目标

(1)邀请函的组成、正文基本要素；

(2) 会设置邀请函各部分的格式;
(3) 会设置艺术字和图片;
(4) 会邀请函类等办公文件的邮件合并;
(5) 会邀请函类等办公文件的模版的制作。

2.5.3 实例操作步骤

1. 准备工作

(1) 打开 Word 2003,创建如表 2.1 所示的表格。

表 2.1 原始数据表

教师姓名	年龄组	获奖
王朝阳	中年	二等奖
王洋	中年	三等奖
江枫	青年	三等奖
孙佳欣	中年	一等奖
田玉芝	青年	二等奖
孔庆凡	青年	三等奖
齐勇淼	中年	特等奖

(2) 创建一个 Word 2003 文档,将文件命名并保存。

2. 录入文字及设定格式

(1) 单击"插入"菜单栏→"文本框"→"横排",拖拽出一个大小适中的文本框。
(2) 向文本中输入图 2.45 中的内容。

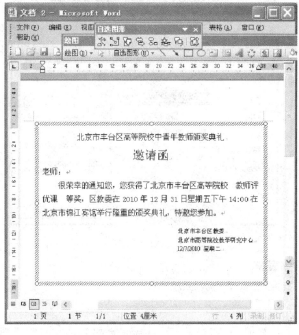

图 2.45 文本框添加邀请函内容

(3)将正标题选中设定"隶书"、"四号"、"居中",副标题"邀请函"设定格式为"隶书"、"二号"、"居中",正文设定"隶书"、"四号",右下角字体设为"宋体"、"五号"。

(4)双击选中文本框,在弹出的"设置文本框格式"菜单中,选定"颜色与线条"选项卡,在填充颜色中选择"其他颜色",打开如图2.46所示的"颜色"对话框,将颜色模式选择"RGB",并设置R(192)、G(80)、B(77)。在线条中选择"双线"线型、边框线颜色为"灰色-40%"、"3磅",如图2.47所示。

图2.46 颜色自定义设置

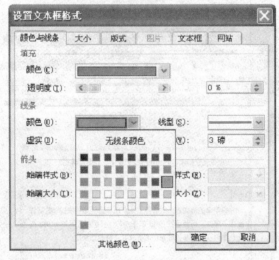

图2.47 设置文本框格式

3. 保存原始数据表格

将表2.1保存起来作为原始数据表。

4. 邮件合并

(1)打开刚创建的邀请函文件,单击"工具"菜单栏→"信函与邮件"→"邮件合并"(图2.48),单击"下一步"→"选择收件人"(图2.49)→"浏览"→"选取数据源"→"邮件合并收件人"(图 2.50)→"撰写信函"→"其他项目…"→"插入合并域"(图 2.51),将鼠标分别停在"老师"、"教师"、"等奖"的前面插入合并域,插入之后的主文档如图 2.52 所示,通过点击"邮件合并"中的"预览信函"中的 << 或者 >> 来浏览每名获奖教师的邀请函,再单击"合并完成",在"合并完成"中选择"编辑个人信函",弹出"合并到新文档"对话框,选择"合并记录"为"全部"(图 2.53),单击"确定"按钮,生成一个新文档,内容是每个获奖教师的邀请函(如样张)。

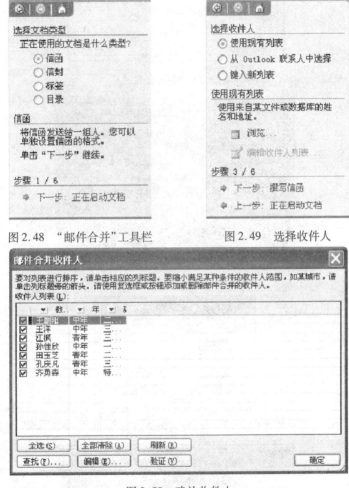

图 2.48　"邮件合并"工具栏　　　　图 2.49　选择收件人

图 2.50　确认收件人

5. 创建模板并使用模板

将上述的主文档另存为扩展名为".dot"的模板格式的文件,打开模板文件对某些局部作修改,其他格式不变,这样可大大地节省时间,提高办公效率。图 2.54 是在应用这个模板的基础上在时间上作局部修改后的结果。

图 2.51　插入合并域

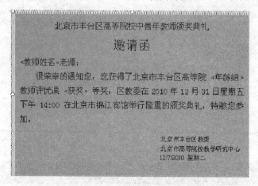

图 2.52　插入合并域后的实例

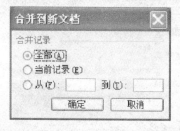

图 2.53　"合并到新文档"对话框

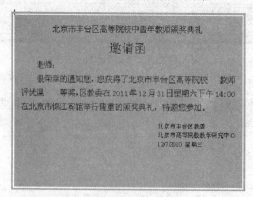

图 2.54　对原模板时间的局部修改

2.6 实例6：文章版面设计和图文混排

2.6.1 实例样张

制作如图 2.55、图 2.56 所示样张。

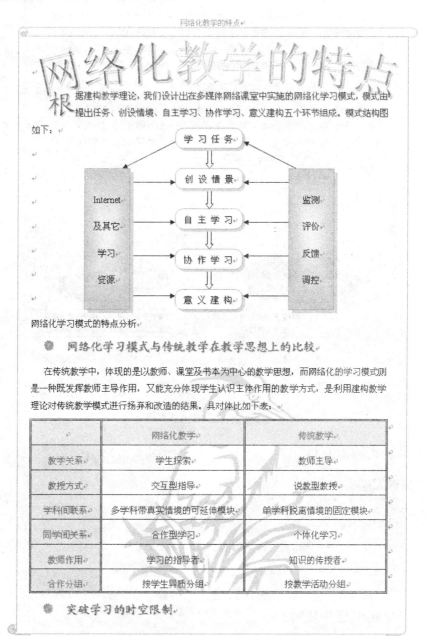

图 2.55　实例6：样张1

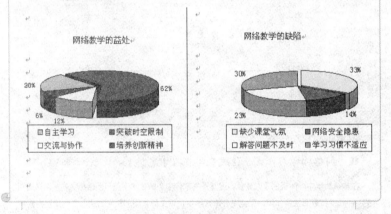

图 2.56　实例 6：样张 2

2.6.2　实例培养目标

（1）会设置页面、页眉页脚、背景图片；
（2）会设置字体格式及段落首字下沉、分栏、边框底纹；
（3）会设置项目符号与编号；
（4）会编辑图片、剪贴画、艺术字及自选图形；
（5）对表格进行制作、编辑、排版；
（6）会设置表格内外各部分格式。

2.6.3　实例操作步骤

1. 准备工作

（1）将新建的 Word 2003 文件进行保存、命名。

(2)录入文字,随时保存文件。

2. 设置页面格式

(1)单击"文件"菜单栏→"页面设置",设置纸张大小为宽度"21 厘米",高度为"29.7 厘米"。上下左右页边距为"3 厘米",装订线左侧"0 厘米",页眉、页脚距边界"1.5 厘米"。

(2)单击"视图"菜单栏→"页眉和页脚"(图 2.57),在页眉中输入"网络化教学的特点",将页眉设置为居中。

图 2.57 "页眉和页脚"工具栏

(3)在"页眉和页脚"工具栏中,单击"页眉和页脚间切换"按钮转到页脚,单击"设置页码格式"按钮,选择"1,2,3…"格式,再单击"插入页码"按钮,最后将"页码"居中(图 2.58)。

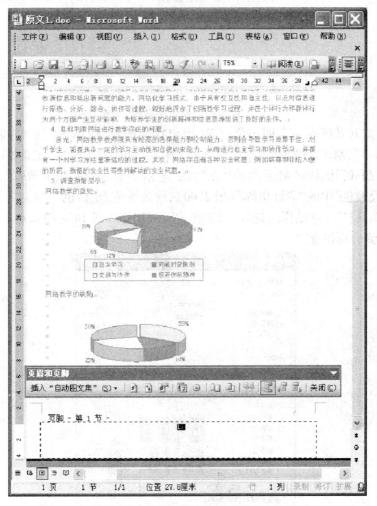

图 2.58 插入页码

3. 设置文字及项目符号格式

（1）将正文选中，设置"格式"菜单栏中字体为"宋体"，字号为"五号"。

（2）设置正文的段落格式。单击"格式"菜单栏中的"段落"，设置行距的"固定值"为"20 磅"，段前和段后间距为"0.5"行(图2.59)。

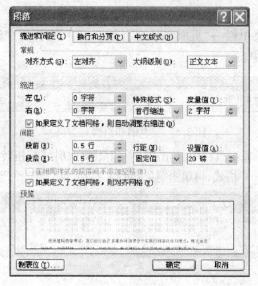

图2.59　段落格式化

（3）正文上方插入一个回车换行符，留出标题的位置，单击"插入"菜单栏→"图片"→"艺术字"，输入"网络化教学的特点"、"54号"，单击"艺术字"工具栏→设置艺术字格式"→"版式"中选择"衬于文字上方"，在"艺术字型"选择"细上弯弧"，在填充颜色中选择"预设颜色"中的"彩虹出岫"(图2.60)，线条颜色为"白色"、"1 磅"，单击"视图"菜单栏→"工具栏"→"绘图"，选择"阴影样式"→"阴影样式 14"(图2.61)，最后将艺术字标题调整到合适位置。

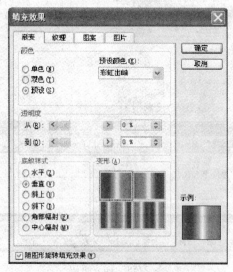

图2.60　艺术字的预设填充效果

图 2.61 阴影样式的设置

(4) 鼠标停在第一段任意位置，单击"格式"菜单栏→"首字下沉"，设置下沉"2 行"，下沉字体为"楷体-GB2312"，单击"格式"菜单栏→"字体"，设置首字"32 号"、"阴影"、"紫罗兰色"（图 2.62），将该段剩余文字字体设置为"深蓝色"、"阴影"效果。

(5) 选中文中带编号的五个段落标题（按住 Ctrl 键），设置文字字体为"楷体"、"四号"、"加粗"、"紫罗兰"、"阴影"效果，点击"格式"菜单栏中的"项目符号和编号"，选择"项目符号"中的任意一符号，单击"自定义"按钮，"自定义项目符号列表"→"字符"，选择样张中花型符号，再单击"字体"，设置符号的字体为"红色"、"三号"，在"自定义项目符号列表"中设置"项目符号缩进位置"为"0.5 厘米"，制表位位置"0.5 厘米"，缩进位置"0 厘米"（图2.63）。

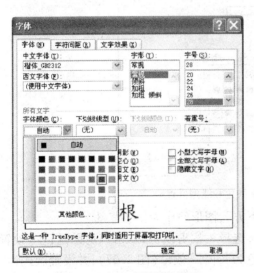

图 2.62 颜色和阴影的设置

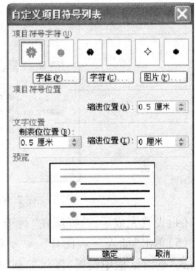

图 2.63 自定义项目符号

4. 添加与文章主题吻合的背景图

(1) 在正文任意位置，通过单击"插入"→"图片"→"自选图形"→"星与旗帜"→"竖卷形"，在正文中拖拽出足够大的竖卷形图片（图 2.64）。

(2) 设置该自选图形的版式为"衬于文字上方"，将图形拖拽到纸张页面的合适大小，选中图片，左侧会出现黄色的小图标，向上拖拽小图标，卷轴会相应地变小，直到合适大小。

(3) 双击该自选图形，在"设置自选图形格式"→"颜色与线条"中设定的"填充效果"

为"纹理"选项卡中的"羊皮纸"(图2.65),"线条颜色"为"灰色-40%",粗细为"0.25磅"(图2.66)。

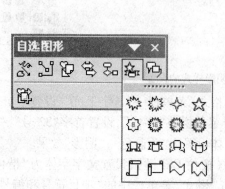

图2.64 竖卷形的插入　　　　　　　　图2.65 纹理填充效果

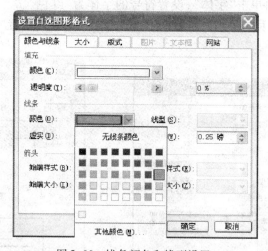

图2.66 线条颜色和线型设置

(4)设置完成后,选择版式"衬于文字下方",图形便作为文字背景。

(5)单击"插入"→"图片"→"剪贴画",选择一幅剪贴画,双击该剪贴画,在"设置图片格式"的对话框中设置"图像控制"的颜色为"冲蚀"效果(图2.67),并设置版式为"衬于文字下方"。

图 2.67　设置剪贴画冲蚀效果

5. 插入样张中的图和表及分栏

(1) 在文章第一段后面插入回车键,创建图。

(2) 选定"插入"菜单→"图片"→"自选图形"(图 2.68),作出如样张所示的图。

(3) 双击图中中间黄色的对象,"设置图片格式"→"填充颜色"中设置"双色"(浅黄色和黄色),样式为"水平"渐变(图 2.69),选中该对象,单击"绘图"→"阴影样式",设为"阴影样式 14"。

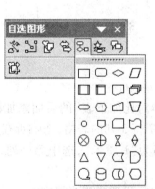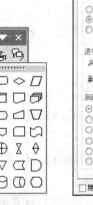

图 2.68　添加自选图形中的流程图形　　图 2.69　双色渐变效果

(4) 用同样的方法在图 2.46 所示的对话框中设置图中蓝色的对象,填充效果为"双色",它们分别为"自定义"中的 RGB 颜色参数(R:153,G:255,B:204)(图 2.70)和"天蓝"色,样式为"中心辐射",渐变选中该对象,在"绘图"→"阴影样式"→"阴影样式 14"(图 2.61)。

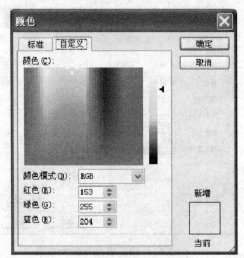

图 2.70　自定义颜色

（5）设置黄色和蓝色的对象的线条颜色为"灰色-40%"。

（6）在各个对象上单击鼠标右键，添加如样张所示的文字。

（7）按住 Ctrl 键，选中每个图中的每个对象，在任意一个对象上单击鼠标右键，选择"组合"，这样所有的对象就组合到一起成为一个对象（图 2.71）。

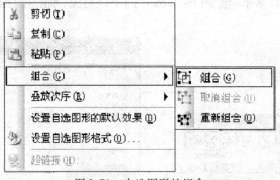

图 2.71　自选图形的组合

（8）在样张中添加表格的位置即文中"具体对比如下表"的后面添加回车换行符，单击"表格"菜单栏→"插入"→"表格"，创建一个 7 行 3 列的表格，选中所有行，单击鼠标右键，选择"表格属性"中的"行"选项卡，设置行高为"1 厘米"，选中第一列，设置列宽为"3 厘米"，另外两列列宽为"6 厘米"（图 2.72）。

（9）添加内容，文字字号为"五号"，选中表格，设置表格为居中对齐。

（10）选中表格，单击鼠标右键，选择"单元格对齐方式"中的"中部居中"按钮，设置文字的居中对齐（图 2.73）。

（11）表中紫色的字体颜色为"紫罗兰"，蓝色的颜色为"深蓝"。

（12）表中添加底纹的颜色为"自定义"填充效果，RGB 颜色模式（R:221, G:221, B:221），选中整个表格，选择"格式"菜单栏中的"边框和底纹"，选择"边框"选项卡中的"自定义"（图 2.74），在"线型"中选择"双线"，在右侧的"预览图"中点击上、下、左、右及中间的竖线，再选择"单线"，在预览图中选择中间横线，就做出如样张所示的表格。

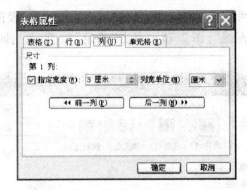

图 2.72 设置列宽

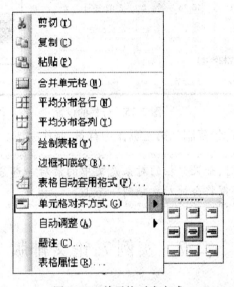

图 2.73 单元格对齐方式

图 2.74 表格边框设置

(13)选中文中"网络教学的益处"和"网络教学的缺陷"及图表,单击"格式"菜单栏中的"分栏",选中"分割线"(图2.75),点击"确定"按钮,适当地调整图表及文字的位置如样张。

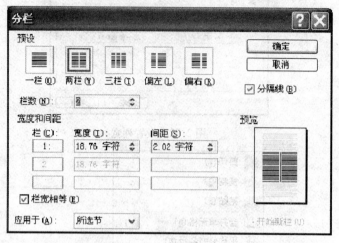

图2.75 分栏的设置

(14)将第一页的背景复制到第二页作为背景,制作完毕。

小知识:在进行分栏时,如果分栏的对象是文中的最后一部分,不能选中最后一个回车换行符,否则将会把对象分到一面去。

2.7 实例7:论文排版

2.7.1 实例样张

制作如图2.76~图2.80所示样张。

论文

论文题目：高职院校 C 语言教学初探

作　者：　　　张欣欣　　　

2010 年 3 月 10 日

图 2.76　论文封面

高职院校 C 语言教学初探

摘要

由于高职学生基础知识薄弱，学习自主性较差的现状及 C 语言的本身特点，致使 C 语言教学还存在着许多不足，难以适应高职院校高技能应用人才的培养目标。本文针对高职院校教学中存在的问题及改革的目标、解决问题的具体方法等进行了阐述。

关键词：高职院校，C 语言，教学

图 2.77　论文摘要

目录

1 引言 1
2 教学现状的分析及改革 1
   2.1　C 语言教学的现状问题及根源 1
      2.1.1　缺乏适合高职教学的教材 1
      2.1.2　讲授的内容脱离实际应用 1
      2.1.3　没有充分调动学生学习的积极性 1
      2.1.4　对于实践教学环节重视不够 1
   2.2　C 语言教学改革 1
      2.2.1　修订教学大纲，编写和选用适合高职院校教学的教材 ... 1
      2.2.2　利用多媒体教学手段，把抽象的知识生动化、形象化 ... 1
      2.2.3　引入任务驱动教学方法 1
      2.2.4　增加实践环节 2
3 结束语 2

图 2.78　论文目录

1 引言

C 语言在 B 语言的基础上提出,并成功地用来编写了 UNIX 操作系统,由于其强大的功能和各方面的优点,成为计算机及相关专业首选的高级程序设计语言之一。然而………

2 教学现状的分析及改革

2.1 C 语言教学的现状问题及根源

C 语言的教与学一直都是教师和学生公认的困难课程,高职院校学生的基础差学习起来更加困难。通过对学生调查发现,向学生讲述过多的内容,学生往往会把大部分时间放在偏难的内容上等等,先将存在的缺点总结如下四条:

2.1.1 缺乏适合高职教学的教材

现在很多高职院校采用的教材虽然是标识有"高职高专"的教材,但往往是大学教材"简化版",这并不适合高职学生使用,给组织教学工作带来了一定的难度。

2.1.2 讲授的内容脱离实际应用

传统的教学过于注重语句、语法等细节的教学,对学生分析问题、解决问题的能力训练不够,很多学生在课程结束后,依然很难独立编写程序。

2.1.3 没有充分调动学生学习的积极性

学习目的不明确,学生自主学习的内在动力未被激发,在目前的课堂教学中,还是以教师讲授、学生被动接受的单向灌输为主,而学生对学习该门课程的意义又缺乏深刻的认识,……

2.1.4 对于实践教学环节重视不够

C 语言课程是一门实践性很强的学科,书本中的理论只有在实践中才能得以验证。

2.2 C 语言教学改革

高职教育的培养目标不同于普通高等教育,高职教育面向基层,面向生产服务一线,培养的不是学术型人才,而是技术应用型人才。因此,对高职院校的学生来说,计算机只是工具,不应该把它作为纯理论的课程来学习,而应作为一种应用技能来掌握,下面是采取的教学改革的几个方面(也可参照表 1)。

表 1 C 语言存在的问题及相应的改革

现状的几个方面	存在的问题	教学改革
教材	缺乏适合的教材	本系老师制定适合教材
内容	内容脱离实际	有重点的讲解
授课对象	没有调动学生的积极性	任务驱动教学方法
授课环节	缺少实践环节	该在机房上课

2.2.1 修订教学大纲,编写和选用适合高职院校教学的教材

根据高职院校对学生培养应用型、技能型人才这一目标,对教材中的内容进行适当的整合,对 C 语言中偏难的,对培养基础能力没有帮助的知识不讲或略讲。而对工程实际应用较多,对培养基础能力有较大帮助的部分进行必要的加强。

2.2.2 利用多媒体教学手段,把抽象的知识生动化、形象化

利用现有的教学设备与技术,通过多媒体手段,把深奥的理论通过浅显的例子讲解得深入浅出,是每一位教师和教育工作者共同考虑的问题。

2.2.3 引入任务驱动教学方法

传统的教学过于注重语句、语法等细节的教学,对学生分析问题、解决问题的能力训练不够,很多学生在课程结束后,依然很难独立编写程序。图 1 为人物驱动教学过程。

图 2.79 排版后论文正文第 1 页

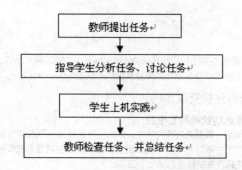

图1 任务驱动教学过程

2.2.4 增加实践环节

传统的理论上课忽视了实践环节,将上课该在机房,学生边听边实验效果显著。

3 结束语

以上只是笔者的一点经验体会,在教学实际过程中应注意的问题还有很多。关于《C语言程序设计》课程教学改革的工作还有很长一段路要走,高职院校的实际情况与普通高校不同,教学设备、设施不足,学生自身素质与培养目标也存在一定差异。因此,对已有的普通高校C语言教学改革的经验不能完全照搬,应根据实际情况摸索出一条适合学生自身学习的需要,同时又可保证培养目标,为他们今后的继续学习和深造打下一个坚实的基础,真正实现提高学生素质和实践动手能力的创新道路,相信随着教学改革的深入与教育研究的广泛开展,此项工作必定会有新的进展!

参考文献

[1] 谭浩强. C语言程序设计(第二版)[M]. 北京:清华大学出版社,2001,8
[2] 索小利. 关于高职院校《C语言程序设计》课程教学改革与教学方法初探[J]. 科教文汇,12(1),2006,6
[3] 李玉凤. C语言教学探讨[J]. 赤峰学院学报(自然科学版),3(3),2008,3
[4] 赵国东. 增强C语言教学实用性的思考[J]. 辽宁高职学报,8(9),2007,8
[5] 张勇,王应良. 高职院校计算机语言教学方法分析[J]. 消费导刊,5(8),2007,5

图2.80 排版后论文正文第2页及参考文献

2.7.2 实例培养目标

(1)培养学生对毕业论文格式的设置;
(2)发表论文时对论文格式的设置。

2.7.3 实例操作步骤

1. 准备工作

(1)打开已经输入好的原文。
(2)设置"页面设置"中的用纸格式:A4纸(210mm×297mm),印刷。

2. 在给定的原文前插入三个空白页

(1)单击"插入"菜单栏→"分页符"→"分节符类型"→"下一页"(图2.81)。

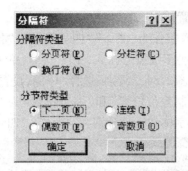

图 2.81　插入下一节

(2)用上述方法分别插入 3 个空白页。

3. 制作论文封面

(1)在第一个空白页中输入标题"论文",设置字体为"宋体",字号为"初号"、"加粗"、"居中"。单击"格式"菜单栏→"段落"→"缩进和间距",在该选项卡中将段前、段后的间距设为"5 行"(图 2.82)。

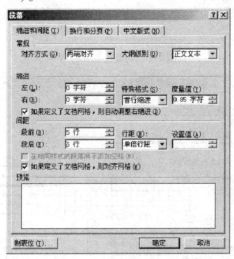

图 2.82　设置段落间距

(2)输入论文题目,并将其设置字体为"宋体",字号为"小四","加粗";在"论文题目"的后面输入"高职院校 C 语言教学初探",并设置字体为"黑体",字号为"三号",加下划线。后将其段后间距设为"3 行"。

(3)输入"作者"两个字,并将其设置为"宋体",字号为"小四","加粗";输入姓名,并设置字体为"黑体",字号为"三号",加下划线。后将其段后间距设为"15 行"。

(4)回车后输入日期,并将其设置为"黑体"、"小二"、"加粗"。

4. 设置摘要

将摘要从原文中剪切到第二个空白页中,将"摘要"两个字设置字体为"黑体",字号为"三号","居中";摘要正文的字体为"宋体",字号为"小四"号;关键词三个字的字体为"黑体",字号为"四号",关键词之间用逗号分开,一般 3～5 个,最后一个关键字不打标点符号。

5. 一、二、三级标题的设置

(1)选中"一、引言",设置字体为"黑体""四号",单击"格式"菜单栏→"项目符号和编号",在该对话框中选择一种多级符号样式,见图2.83,单击"自定义"按钮,弹出"自定义多级符号列表"对话框,见图2.84,"级别"选择"1"级,设置"编号位置"为"左对齐",设置"对齐位置"为"0厘米","制表位位置"和"缩进位置"为"0.75厘米",单击"字体"按钮,弹出"字体"对话框,设置字体和字号分别为"黑体"、"四号"。

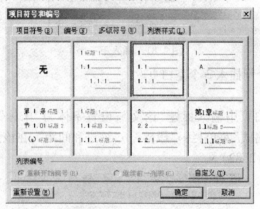

图2.83 选取多级符号

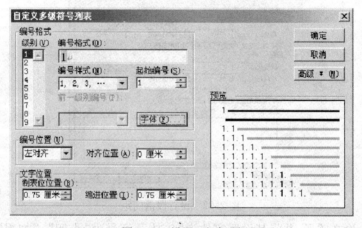

图2.84 设置1级标题

(2)返回到"自定义多级符号列表"对话框,"级别"选择"2"级,将"编号格式"改为"2.1",设置"编号位置"为"左对齐",设置"对齐位置"为"0厘米","制表位位置"和"缩进位置"为"0.75厘米",单击"字体"按钮,弹出"字体"对话框,设置字体和字号分别为"黑体"、"小四号",设置完如图2.85所示。

(3)返回到"自定义多级符号列表"对话框,"级别"选择"3"级,将"编号格式"改为"2.1.1",设置"编号位置"为"左对齐",设置"对齐位置"为"0厘米","制表位位置"和"缩进位置"为"0.75厘米",单击"字体"按钮,弹出"字体"对话框,设置字体和字号分别为"黑体"、"五号",设置完如图2.86所示。

(4)单击"确定","引言"设置完毕。

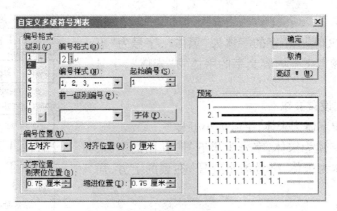

图 2.85　设置 2 级标题

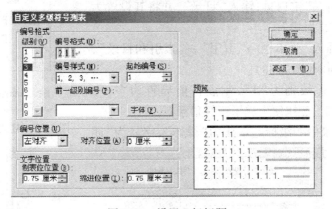

图 2.86　设置 3 级标题

（5）选择"格式"→"样式和格式"命令，打开"样式和格式"任务窗格，如图 2.87 所示。按住 Ctrl 键选定其他剩余的一级标题，在"样式和格式"任务窗格中分别单击"1 多级符号,黑体,四号"和"黑体,四号"样式。把标题文字前原有的编号删除。

（6）选定原文中"2 教学现状的分析及改革"，单击"格式"工具栏中的"格式刷"按钮，将格式复制到原文中"1.C 语言教学的现状问题及根源"，设置字体为"黑体"，字号为"小四号"。

（7）单击"格式"工具栏中的"增加缩进量"按钮，则所选标题变为二级标题。

（8）选择"格式"→"段落"，在图 2.18 中的"大纲级别"中设置为"2 级"。再用格式刷的方式将文中"2.C 语言教学改革"也复制为要求的格式。

（9）用同样的方法将"2.1 C 语言教学的现状问题及根源"选中，将素材中的1）、2）、3）、4）设置为三级标题。用同样的方法将"2.2 C 语言教学改革"下方的三级标题设置好。

（10）设置正文格式。字体为"宋体"，字号为"五号"。

6. 参考文献格式设置

（1）参考文献的序号用[1]，[2]，[3]等。

（2）文献的著录格式为:(书)作者姓名.书名.出版地:出版社名,年月(后不加标点)。

（3）如有多位作者,则作者名之间用逗号分开。如有外文参考文献,则姓名缩写后的点应去掉。

（4）"参考文献"4个字的字体为"黑体"，字号为"五号"，"居中"。参考文献内容文字的字体为"宋体"，字号为"小五号"。

7. 图标格式设置要求

（1）图/表中字体为宋体，字号为小五号。

（2）图题（字体为宋体，字号为小五号）在图的下方，居中；标题（字体为宋体，字号为小五号）在表的上方，居左。

8. 插入目录

（1）回到"目录"空白页，输入"目录"，并将其设置为"黑体"、"三号"、"居中"。

（2）单击"插入"菜单栏→"引用"→"索引和目录"，打开"目录"选项卡（图2.88）。

（3）设置显示级别为"3"，制表符前导符为"……………"，单击"确定"按钮便生成了三级目录。

（4）设置目录中一级标题字体为"黑体"，字号为"四

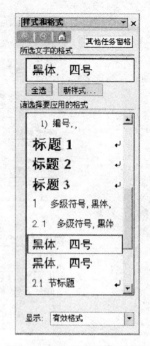

图2.87 样式和格式对话框

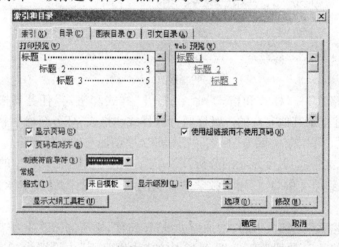

图2.88 录对话框

号"；二级标题字体为"黑体"，字号为"小四号"。

9. 页码格式的设置

（1）封面无页码。

（2）目录单独设置页码"I"，方法如下：单击目录页，单击"视图"菜单栏→"页眉和页脚"，如图2.57所示的工具栏，单击"页眉和页脚间切换"按钮，点击 按钮，将"链接到前一页"取消，并在页脚位置单击"页码格式"按钮，设置页码格式为"I,II,III……"（图2.89）后，在图2.55所示的工具栏中点击"插入页码"按钮，并设置居中。

（3）用同样的方法设置正文的页码，格式为"1,2,3,…"，"页面低端"，"居中"。

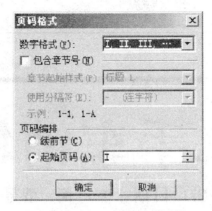

图 2.89 设置页码格式工具栏

（4）同样，首先取消"链接到前一页"，在"页眉和页脚"状态下设置正文的页眉为"高职 C 语言课程"，格式为"宋体"、"5 号"、"居中"，制作完毕。

小知识：在对毕业论文进行排版时也经常接触某些页的页眉和页脚设置，首先需要将其设置为不同节，然后取消"链接到前一页"，才能对当前页重新设置。

2.8　知识点巩固与内容扩充

练习 1：贺卡的制作。

练习2：广告的制作。

二手车销售

出厂日期　　生产商　　型号

- 里程数
- 变速器类型
- 发动机排量
- 耗油量
- 音响系统

- 概要介绍
- 颜色
- 汽车内饰
- 车窗及门锁类型
- 空调

¥ 80,000

联系人：010-8888-8888

练习3：个人简历的设计制作。

个人简历	姓名：	性别：	民族：	出生日期：
	学历：	专业：	毕业学校：	
	户口所在地：		身份证号码：	
	现住址：			邮编：
	联系电话：		电子邮件：	
	学习经历：			
	工作经历：			
	自我评价：			
	其他：			

第 3 章

Excel 2003 高级办公应用

Excel 2003 是 Office 办公软件的重要组件之一,是专门针对各种表格进行数据处理的电子表格制作软件。本章共给出了 6 个典型的办公应用实例,分别是报销单的设计制作、员工档案的设计制作、工资表的设计制作、销售图表的设计制作、营业收入月报表的设计制作及客户信息表的设计制作,这些案例几乎涵盖了电子表格制作的全部内容。本章意在强化 Excel 2003 的高级办公应用,以实例的形式进行讲解,并附有图片和详细操作步骤,图文并茂、简单易学。

3.1 实例 1:报销单的设计制作

3.1.1 实例样张

制作如图 3.1 所示样张。

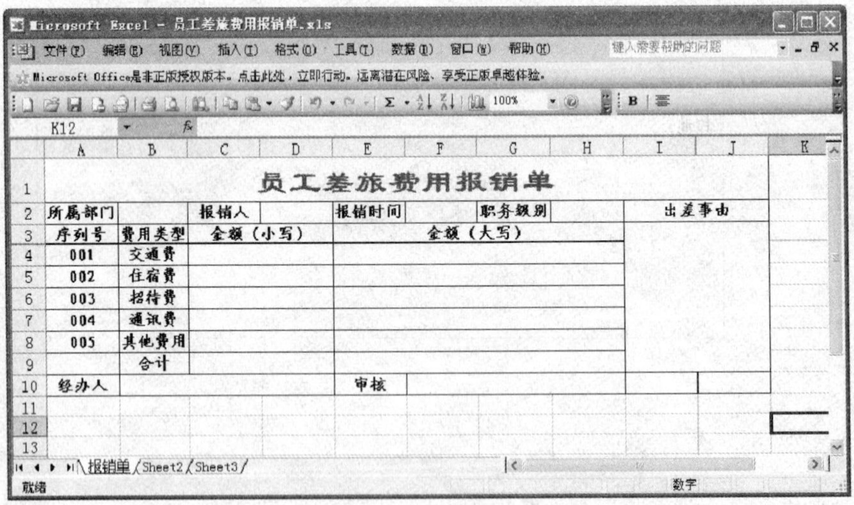

图 3.1 报销单样张

3.1.2 实例培养目标

(1) 会修改工作表名称;
(2) 会合并及居中单元格;
(3) 会设置文本格式;
(4) 会居中对齐文本;
(5) 会设置数字格式;
(6) 会设置边框。

3.1.3 实例操作步骤

新建一个 Excel 文档,重命名为"员工差旅费用报销单.xls"。

1. 修改工作表名称

在工作表标签区域,双击"Sheet1",使其处于待修改状态(此时选定工作表标签反白显示,如图 3.2 所示),然后输入新的工作表名"报销单",按回车键确认(图 3.3)。

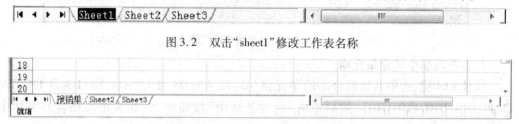

图 3.2 双击"sheet1"修改工作表名称

图 3.3 修改后的工作表名称

2. 输入文本

在工作表相应单元格中输入文本,文本内容如图 3.4 所示。

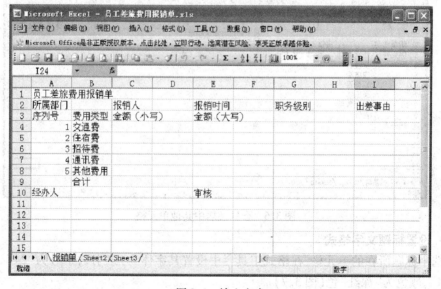

图 3.4 输入文本

3. 合并及居中单元格

选中 A1:J1 单元格,在工具栏中单击"合并及居中"按钮,将单元格合并,并将文本居中显示(图 3.5)。

图 3.5　合并及居中单元格

4. 合并及居中其他单元格

按住 Ctrl 键,选中其他要合并的单元格(I2:J2、C3:D3 及 C9:D9、E3:H3 及 E9:H9、I3:J9、B10:D10、F10:H10),然后单击"合并及居中"按钮,将相关单元格合并及居中(图 3.6)。

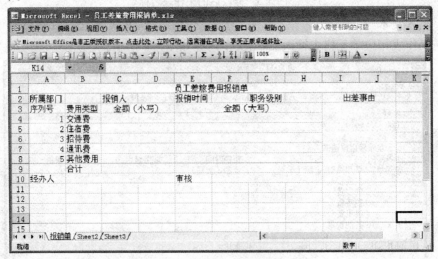

图 3.6　合并及居中其他单元格

5. 设置标题文字格式

选中标题所在的单元格,在格式工具栏中设置其字体为"隶书",字号为"24",字形为"加粗",颜色为"深红"色(图 3.7)。

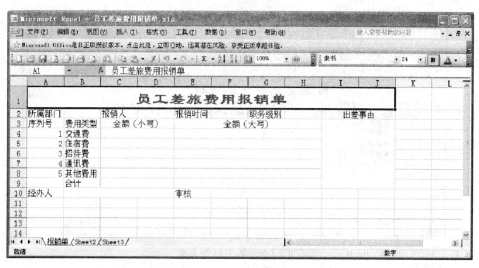

图 3.7　设置标题文字格式

6. 设置其他文本格式

按住 Ctrl 键,选中其他文字所在的单元格,然后设置其字体为"楷体",字号为"12",字形为"加粗"(图 3.8)。

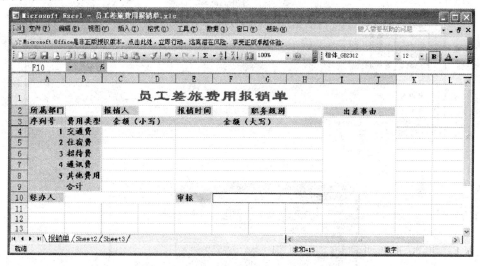

图 3.8　设置其他文本格式

7. 居中对齐文本

在格式工具栏中单击"居中"按钮，将所有文本居中对齐(图 3.9)。

8. 设置数字格式

选中 A4:A8 单元格区域,单击"格式"菜单栏→"单元格"(图 3.10),在弹出的"单元格格式"对话框中选择"数字"选项卡,在左侧的"分类"列表框中选择"自定义",在右侧的"类型"文本框中输入"000",此时在"示例"区域可以预览所设置的数字格式效果,单击"确定"按钮(图 3.11),设置后的文档效果如图 3.12 所示。

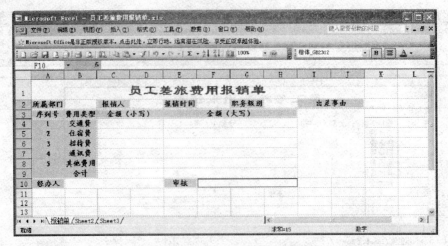

图 3.9　居中对齐文本

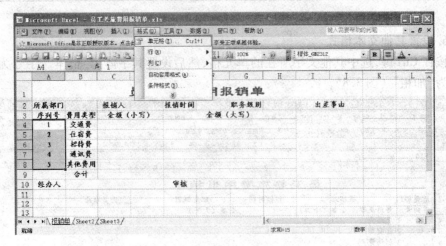

图 3.10　格式菜单栏

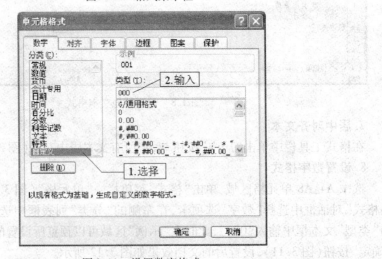

图 3.11　设置数字格式

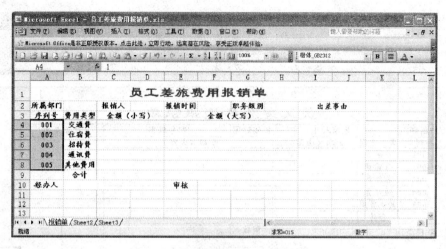

图 3.12　设置数字格式后的文档效果

9. 设置边框

选中 A1:J10 单元格区域,单击"格式"菜单栏→"单元格",在弹出的"单元格格式"对话框中选择"边框"选项卡,在右侧的"线条"列表框中选择一种线条样式,在"预置"区域中单击"外边框"按钮和"内部"按钮,单击"确定"按钮(图 3.13),设置后的文档效果如图 3.14 所示。

报销单制作完毕。

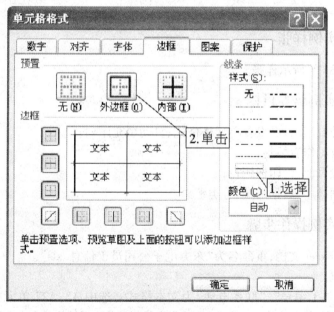

图 3.13　设置边框

图 3.14 设置边框后的文档效果

3.2 实例 2：员工档案的设计制作

3.2.1 实例样张

制作如图 3.15 所示样张。

3.2.2 实例培养目标

(1) 会各种数据录入、设置单元格格式、自动填充序列；
(2) 会修改工作表标签；
(3) 会设置页面、打印标题行；
(4) 会数据排序、数据筛选、分类汇总。

3.2.3 实例操作步骤

新建一个 Excel 文档，重命名为"东方电子公司员工信息.xls"。

1. 录入数据

(1) 设置"员工编号"、"联系电话"为文本格式。选中 A3:A27 单元格区域，按住 Ctrl 键，再选中 I3:I27 单元格区域，单击"格式"菜单栏→"单元格"（图 3.16），选择"数字"选项卡，在左侧的"分类"中选择"文本"，单击"确定"按钮。

> 小知识：在英文输入状态下，先输入单撇号"'"，再输入数字，可以实现文本的快速录入。此时单元格的左上角会出现绿色小三角的文本格式标记。

图 3.15　员工档案样张

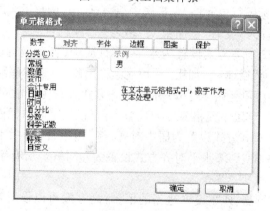

图 3.16　设置单元格"文本"格式

（2）自动填充"员工编号"序列。在 A3 单元格中输入员工编号"00001"后按回车键，再选中 A3 单元格，在单元格外边框右下角有一个黑色的小方块■，叫做"填充柄"，再把鼠标移到单元格右下角的填充柄上，鼠标指针变成╋形状，按住鼠标左键向下拖动，到最后一个员工（A27）松开，所有员工的编号按顺序快速添加完成。

(3)快速录入员工性别、民族、所在部门及学历。按住 Ctrl 键同时选中多个单元格(性别为"男"),输入"男",按 Ctrl+Enter 组合键,即可在选中的单元格中输入同样的内容("男")。用同样的方法输入员工性别"女"和民族、所在部门及学历。

2. 修改工作表标签

(1)重命名工作表名称。双击需要更名的工作表标签 Sheet1,Sheet1 反白显示,进入编辑状态,输入新的工作表名"员工档案",按回车键确认。

(2)变换工作表标签的颜色。选中需要变换颜色的工作表标签"员工档案",点击鼠标右键,从弹出的快捷菜单中选择"工作表标签颜色"(图 3.17),从"设置工作表标签颜色"对话框中选择适合的浅颜色,如浅黄色(图 3.18),单击"确定"按钮。

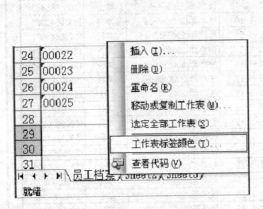
图 3.17 设置工作表标签颜色

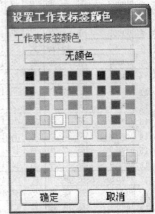
图 3.18 "设置工作表标签颜色"对话框

3. 美化格式

格式设置方法见实例 1,这里不再赘述。

下面列出格式要求:

(1)合并 A1:I1 标题行单元格,水平居中、垂直居中,调整适当的行高,范围是 40~46 像素,将标题文字设置为"隶书"、"加粗"、"20 号"、"深红色"。

(2)将表头 A2:I2 对齐方式设置为水平、垂直居中,自动换行,行高设为最适合的行高,将表头文字设置为"楷体"、"加粗"、"12 号"、"黑色"。设置底纹颜色为"象牙色"。

(3)将"姓名"字段单元格 B3:B27 水平对齐方式设置为分散对齐,将"性别"字段单元格 C3:C27、"民族"字段单元格 D3:D27、"所在部门"字段单元格 F3:F27、"学历"字段单元格 H3:H27 水平对齐方式设置为居中对齐,将"出生日期"字段单元格 E3:E27、"入职时间"字段单元格 G3:G27 水平对齐方式设置为左对齐。所有字段的垂直对齐方式为居中对齐。

(4)将记录行的行高、列宽设置适当的值,行高一般可以设置为"18",列宽根据字段值的宽度合理调整即可。

(5)设置数据表内边框为"0.5 磅"细单实线,外边框为"1.5 磅"粗单实线,表头 A2:I2 单元格下边框为双实线,即分隔线。

4. 设置页面格式

(1)设置页边距。单击"文件"菜单栏→"页面设置",选择"页边距"选项卡,将左右页边距设置为"1.4 厘米",单击"确定"按钮。

(2)插入页码。如果数据表记录过多超过一页纸,必须设置页码。插入页码方法如下:单击"文件"菜单栏→"页面设置",选择"页眉/页脚"选项卡,单击"页脚"下拉按钮(图3.19),在下拉列表框中选择一种页码格式,如"第1页,共?页",单击"确定"按钮。

(3)分页。如果数据表记录过多,超过一页纸,可人为地将数据表分为两页,前15条记录为第1页,16条之后的记录为第2页,分页方法如下:单击员工编号尾数为"16"的单元格,单击"插入"菜单栏→"分页符",在第16条记录上方出现一条虚线(图3.20)。

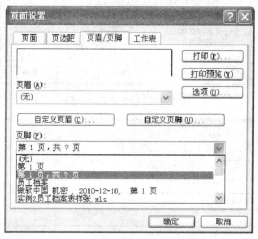

图 3.19　插入页码

图 3.20　插入分页符后的效果

(4)设置打印标题行。打印标题行就是打印时每页都有表头字段名,这样便于查阅数据,设置方法如下:单击"文件"菜单栏→"页面设置",选择"工作表"选项卡,在对话框中的"顶端标题行"框中,单击右侧的按钮,选择"员工档案"工作表表头所在的第2行,显示为"＄2:＄2",单击右侧的按钮,返回到对话框(图3.21),单击"确定"按钮。

5. 数据筛选

(1)自动筛选。单击数据表内的任意单元格,单击"数据"菜单栏→"筛选"→"自动筛选",在表头每个字段名右下角出现筛选的下拉按钮(图3.22),进入数据自动筛选状态,单击任意一个字段名的下拉按钮,可以选择筛选条件或自定义筛选条件。

(2)查找姓"刘"的员工记录。单击"姓名"字段右下角的下拉按钮,在列表框中选择"自定义",打开如图3.23所示的"自定义自动筛选方式"对话框,在"姓名"下拉列表框中选"包含",在右侧框中输入"刘",单击"确定"按钮。筛选结果如图3.24所示。

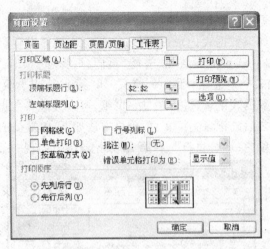

图 3.21 设置打印标题行

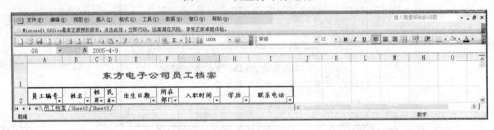

图 3.22 数据自动筛选状态

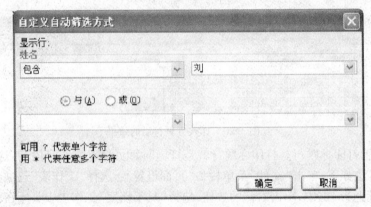

图 3.23 自定义筛选条件

图 3.24 姓"刘"员工记录筛选结果

（3）恢复全部记录。单击“姓名”字段右下角的下拉按钮，在列表框中选择“全部”，即可恢复全部记录。

（4）筛选技术部女员工记录。在“性别”字段中筛选出“女”，在筛选结果中继续从“所在部门”中筛选出“技术部”，两次筛选后的结果就是技术部女员工的记录，如图 3.25 所示。

	A	B	C	D	E	F	G	H	I
1	东方电子公司员工档案								
2	员工编号	姓名	性别	民族	出生日期	所在部门	入职时间	学历	联系电话
8	00011	林　薇	女	汉	1983-8-29	技术部	2006-7-5	本科	13009987658
11	00022	李媛媛	女	汉	1981-4-15	技术部	2007-9-5	硕士	13945635647

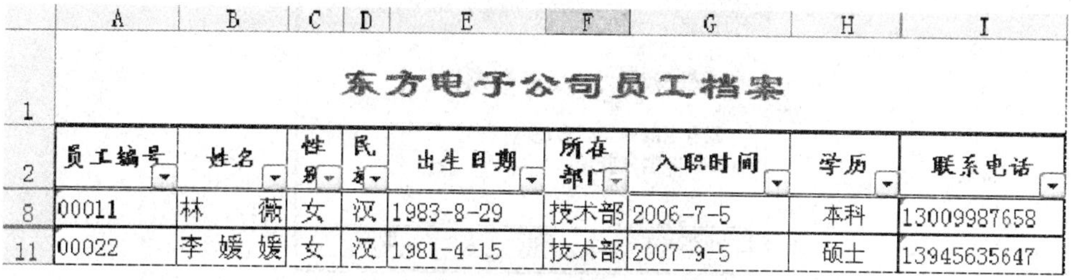

图 3.25　技术部女员工记录筛选结果

（5）清除筛选。单击“数据”菜单栏→“筛选”→“自动筛选”，即将“自动筛选”前的对号去掉。

（6）排序。经过筛选后，记录的排列顺序发生了变化，重新按“员工编号”升序对记录进行排列，排序方法如下：单击“员工编号”字段的任意一个单元格，单击常用工具栏中的“升序排序”按钮（图 3.26），即可将员工编号按升序重新排列。

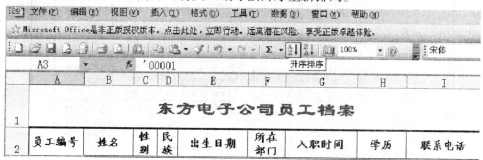

图 3.26　利用“升序排序”按钮对“员工编号”进行排序

6. 数据分类汇总

统计各个部门的员工数量，方法如下：

（1）先按“所在部门”升序排序。

（2）单击“数据”菜单栏→“分类汇总”，打开“分类汇总”对话框（图 3.27）。在对话框中，“分类字段”选“所在部门”，“汇总方式”选“计数”，“选定汇总项”选“所在部门”，单击“确定”按钮，分类汇总结果见图 3.28。

（3）删除分类汇总结果。单击“数据”菜单栏→“分类汇总”，打开“分类汇总”对话框（图 3.27），单击“全部删除”按钮，即可删除分类汇总结果，恢复到分类汇总前的状态。

（4）重新按“员工编号”升序排序。

员工档案制作完毕。

图 3.27 "分类汇总"对话框

图 3.28 分类汇总结果

3.3 实例3：工资表的设计制作

3.3.1 实例样张

制作如图3.29所示样张。

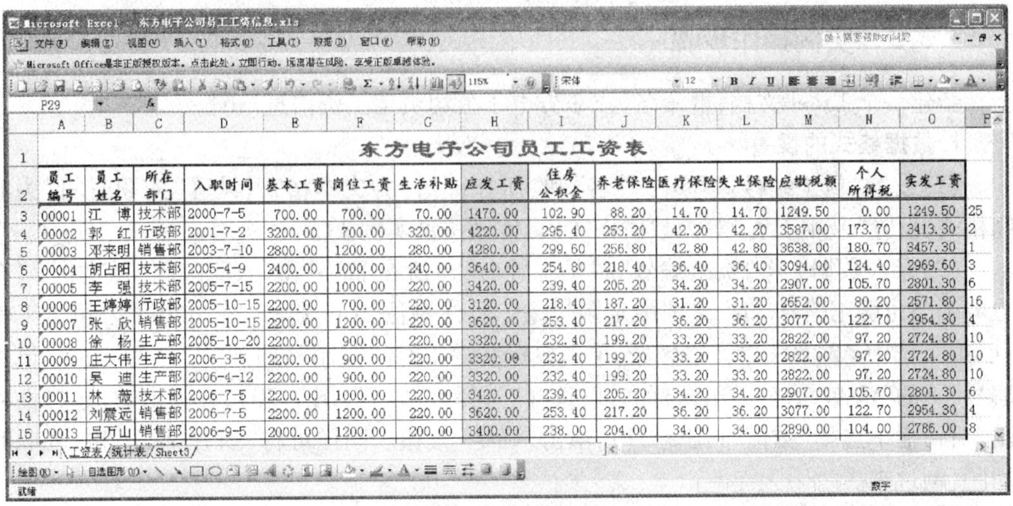

员工编号	员工姓名	所在部门	入职时间	基本工资	岗位工资	生活补贴	应发工资	住房公积金	养老保险	医疗保险	失业保险	应缴税额	个人所得税	实发工资
00001	江 博	技术部	2000-7-5	700.00	700.00	70.00	1470.00	102.90	88.20	14.70	14.70	1249.50	0.00	1249.50
00002	郭 红	行政部	2001-7-2	3200.00	700.00	320.00	4220.00	295.40	253.20	42.20	42.20	3587.00	173.70	3413.30
00003	邓来明	销售部	2003-7-10	2800.00	1200.00	280.00	4280.00	299.60	256.80	42.80	42.80	3638.00	180.70	3457.30
00004	胡占阳	技术部	2005-4-9	2400.00	1000.00	240.00	3640.00	254.80	218.40	36.40	36.40	3094.00	124.40	2969.60
00005	李 强	技术部	2005-7-15	2200.00	1000.00	220.00	3420.00	239.40	205.20	34.20	34.20	2907.00	105.70	2801.30
00006	王婷婷	行政部	2005-10-15	2200.00	700.00	220.00	3120.00	218.40	187.20	31.20	31.20	2652.00	80.20	2571.80
00007	张 欣	销售部	2005-10-15	2200.00	1200.00	220.00	3620.00	253.40	217.20	36.20	36.20	3077.00	122.70	2954.30
00008	徐 杨	生产部	2005-10-20	2200.00	900.00	220.00	3320.00	232.40	199.20	33.20	33.20	2822.00	97.20	2724.80
00009	庄大伟	生产部	2006-3-5	2200.00	900.00	220.00	3320.00	232.40	199.20	33.20	33.20	2822.00	97.20	2724.80
00010	吴 迪	生产部	2006-4-12	2200.00	900.00	220.00	3320.00	232.40	199.20	33.20	33.20	2822.00	97.20	2724.80
00011	林 薇	技术部	2006-7-5	2200.00	1000.00	220.00	3420.00	239.40	205.20	34.20	34.20	2907.00	105.70	2801.30
00012	刘震远	销售部	2006-7-5	2200.00	1200.00	220.00	3620.00	253.40	217.20	36.20	36.20	3077.00	122.70	2954.30
00013	吕万山	销售部	2006-9-5	2000.00	1200.00	200.00	3400.00	238.00	204.00	34.00	34.00	2890.00	104.00	2786.00

(a) 工资表

	A	B	C
3		平均工资	2638.15
4		最高工资	3457.30
5		最低工资	1249.50
6		高于平均工资的人数	12
7		低于平均工资的人数	13

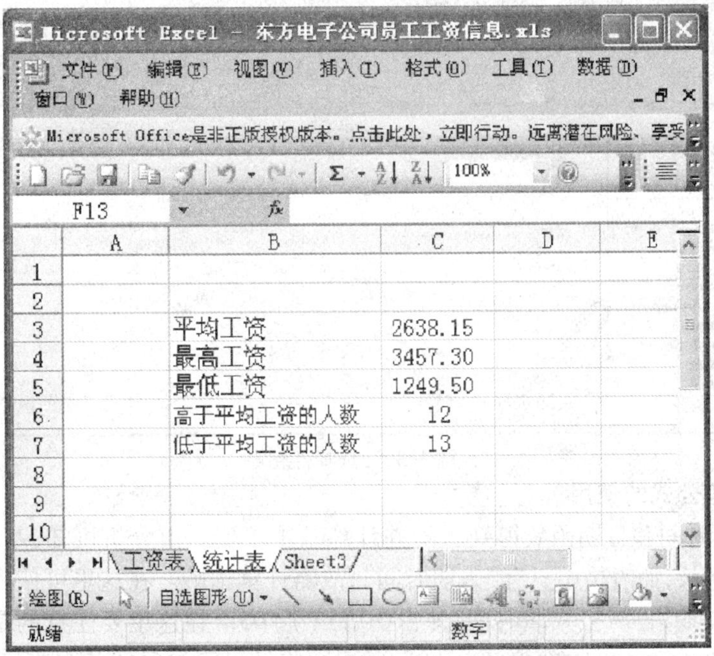

(b) 统计表

图3.29 工资表样张

3.3.2 实例培养目标

(1) 会各种函数的语法格式及使用方法;
(2) 会公式的使用方法;
(3) 会生成工资条的方法;
(4) 会保护工作表的方法。

3.3.3 实例操作步骤

新建一个 Excel 文档,重命名为"东方电子公司员工工资信息.xls"。

1. 数据格式的设置

(1) 设置"员工编号"、"员工姓名"和"所在部门"为文本格式,设置"入职时间"为时间格式,设置"基本工资"等为数值格式(具体做法见实例2)。

(2) 录入数据。将"员工编号"、"员工姓名"、"所在部门"和"入职时间"从实例2"东方电子公司员工信息.xls"文档中复制过来。具体做法如下:打开"东方电子公司员工信息.xls",选中 A3:B27 单元格区域,单击鼠标右键,选择"复制",回到"工资表"选中"员工编号"下的 A3 单元格,单击鼠标右键,选择"选择性粘贴"(图3.30),在弹出的"选择性粘贴"对话框中选择"数值"(图3.31),单击"确定"按钮。同样可将"所在部门"和"入职时间"复制过来。

图 3.30 选择性粘贴

2. 函数和公式的使用

(1) 使用时间和日期函数得到工龄并计算基本工资。由分析可知,基本工资随着工龄的增长而增长,而表格中只有"入职时间",故需计算工龄。在这里可使用 TODAY( )函数得到当前日期,再减去入职时间,即:TODAY( )-D3。在这里要注意的是,它的数据返回类型为日期时间,如"1900-0-0 0:00",故需要将结果所在列("基本工资"字段 E3:E27 单元格区域)的数据类型设置为数值型,如图 3.32 所示,这样结果就是两个日期间相隔的天数,我们把每一年都按 365 天计算,则(TODAY( )-D3)/365 的结果就是相隔的年份。

图 3.31 "选择性粘贴"对话框

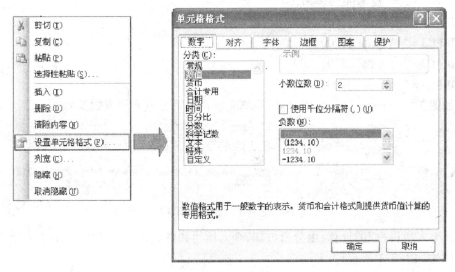

图 3.32 设置基本工资字段为数值型

但是一般工龄计算按自然年,所以需要加 1,且需要对其取整,这里还要使用 INT( )函数,工龄最后的计算公式为:INT((TODAY( )−D3)/365+1)。

基本工资计算公式为:基本工资=底薪+每年涨薪*工龄,选中"基本工资"这列中的 E3 单元格,双击后输入公式"=1 000+200 * (INT((TODAY( )−D3)/365+1))",如图 3.33 所示。输入公式完毕后,按下 Enter 键或用鼠标单击图中的绿色对号即可得到公式

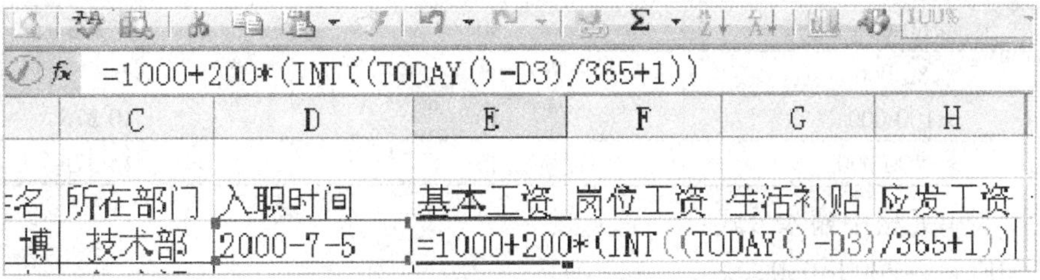

图 3.33 使用函数和公式计算基本工资

计算的结果。再使用填充柄自动填充该列所有数据。

> 小知识:1. 公式必须以"="开头,否则视为普通字符。
> 2. 公式必须在英文输入状态下输入,且不区分大小写。
> 3. TODAY( )函数返回当前日期和时间,不需要参数。
> 4. INT( )函数是将参数的小数部分舍去达到取整的效果,使用方式为:=INT(Number)

(2)使用 IF( )函数计算岗位工资和个人所得税。

①"岗位工资"的计算:选中岗位工资这列的 F3 单元格,由分析可知:员工的岗位工资因所在部门不同而不同,假设"技术部"为 1 000、"行政部"为 700、"销售部"为 1 200、"财政部"为 800、"生产部"为 900,则在双击 F3 单元格后输入公式:

"=IF(C3="技术部",1000,

IF(C3="行政部",700,

IF(C3="销售部",1200,

IF(C3="财务部",800,

IF(C3="生产部",900))))"

如图 3.34 所示。执行公式,再使用填充柄自动填充该列所有数据。

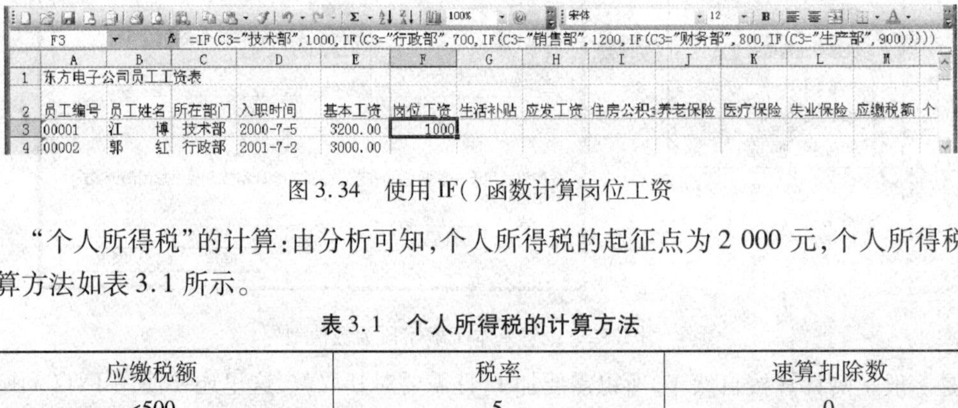

图 3.34 使用 IF( )函数计算岗位工资

"个人所得税"的计算:由分析可知,个人所得税的起征点为 2 000 元,个人所得税的计算方法如表 3.1 所示。

表 3.1 个人所得税的计算方法

应缴税额	税率	速算扣除数
<500	5	0
<2 000	10	25
<5 000	15	125
<20 000	20	375
<40 000	25	1 375
<60 000	30	3 375
<80 000	35	6 375
<100 000	40	10 375
>=100 000	45	15 375

在 N3 单元格中输入公式:

"=IF(M3-2000<0,0,

IF(M3-2000<500,(M3-2000)*5%,

IF(M3−2000<2000,(M3−2000)*10%−25,
IF(M3−2000<5000,(M3−2000)*15%−125,
IF(M3−2000<20000,(M3−2000)*20%−375,
IF(M3−2000<40000,(M3−2000)*25%−1375))))))"

执行公式,再使用填充柄自动填充该列所有数据。

> 小知识:1.IF( )函数的有效嵌套层数为六层,故需要注意数据范围的控制。
> 2.IF( )函数的嵌套要注意括号的配对。

(3)使用乘法公式。

"生活补贴"的计算:假设公司规定生活补贴为基本工资的10%,则有:生活补贴=基本工资×10%,转换为Excel公式为:G3=E3*10%,即在G3单元格中输入公式"=E3*10%",执行公式,再使用填充柄自动填充该列所有数据,如图3.35所示。

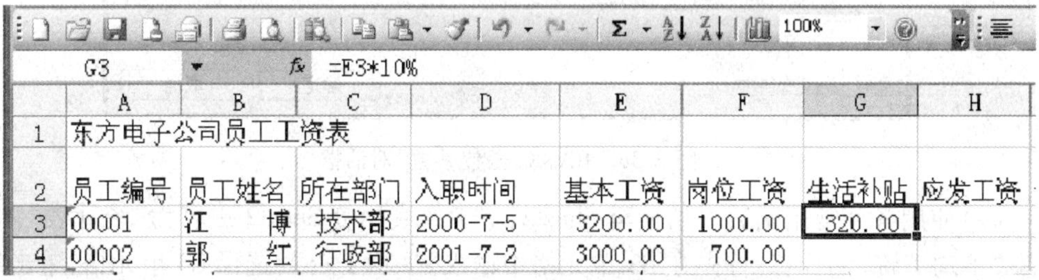

图3.35 使用乘法公式计算生活补贴

"三险一金"的计算类似于"生活补贴"的计算,假设:住房公积金=应发工资×7%,养老保险=应发工资×6%,医疗保险=应发工资×1%,失业保险=应发工资×1%,转换为Excel公式为:I3=H3*7%,J3=H3*6%,K3=H3*1%,L3=H3*1%,即分别在I3、J3、K3、L3单元格中输入公式"=H3*7%","=H3*6%","H3*1%","H3*1%",执行公式后填充该列所有数据。

(4)使用加法公式。由分析可知,应发工资=基本工资+岗位工资+生活补贴,转换为Excel的公式为:H3=E3+F3+G3,即在H3单元格中输入公式"=E3+F3+G3",执行公式,再使用填充柄自动填充该列所有数据。

(5)使用减法公式。由分析可知,应缴税额=应发工资−住房公积金−养老保险−失业保险−医疗保险,转换为Excel公式为:M3=H3−I3−J3−K3−L3,即在M3单元格中输入公式"=H3−I3−J3−K3−L3",执行公式,再使用填充柄自动填充该列所有数据。

"实发工资"的计算类似于"应缴税额"的计算。由分析可知,实发工资=应缴税额−个人所得税,转换为Excel公式为:O3=M3−N3,即在O3单元格中输入公式"=M3−N3",执行公式,再使用填充柄自动填充该列所有数据。

(6)使用Rank( )函数计算工资从高到低排名。选择P3单元格,然后单击编辑栏上的 fx 图标,打开"插入函数"对话框,在类别下拉列表框中选择"统计",在函数列表框中选择"RANK",单击"确定"按钮,弹出"函数参数"对话框。将光标定位在Number文本框中,单击右侧的折叠按钮,鼠标单击O3单元格,再单击折叠按钮返回"函数参数"对话框中,将光标定位在 Ref 文本框中,单击右侧的折叠按钮,用鼠标选中 O3:O27 区域,再单击折叠按钮返回"函数参数"对话框中(图 3.36),单击"确定"按钮。重新单击 P3 单元格,在编辑栏中将公式修改为"=RANK(O3,$O$3:$O$27)",拖动 P3 的填充柄将公式复制到单元格 P27 松开鼠标,即可得到排名结果。

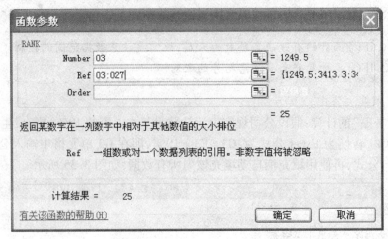

图 3.36　RANK"函数参数"对话框

(7)使用各种常用函数。切换至 Sheet2,将工作表标签 Sheet2 更名为"统计表"。

"平均工资"的计算:首先在 B3 单元格中输入"平均工资",选择 C3 单元格,单击编辑栏上的 图标,打开"插入函数"对话框,在类别下拉列表框中选择"常用函数",在函数列表框中选择"AVERAGE",单击"确定"按钮,弹出"函数参数"对话框。将光标定位在 Number1 文本框中,单击右侧的折叠按钮,切换到"工资表",用鼠标选中 O3:O27 区域,再单击折叠按钮返回"函数参数"对话框中,单击"确定"按钮,此时在编辑栏中显示"=AVERAGE(工资表!O3:O27)"。

"最高工资"的计算:在 B4 单元格输入最高工资,计算过程与计算平均工资基本相同,只是要选择函数"MAX",在此不再赘述。

"最低工资"的计算:在 B5 单元格输入最低工资,计算过程与计算平均工资基本相同,
只是要选择函数"MIN",在此不再赘述。

统计高于平均工资的人数:在 B6 单元格输入高于平均工资的人数,选择 C6 单元格,单击编辑栏上的 图标,打开"插入函数"对话框,在类别下拉列表框中选择"统计",在函数列表框中选择"COUNTIF",单击"确定"按钮,弹出"函数参数"对话框。将光标定位在 Range 文本框中,单击右侧的折叠按钮,切换到"工资表",用鼠标选中 O3:O27 区域,再单击折叠按钮返回"函数参数"对话框中,将光标定位在 Criteria 文本框中,输入">2638.15"(图 3.37),单击"确定"按钮,此时在编辑栏中显示"=COUNTIF(工资表!O3:O27,">2638.15")"。

统计低于平均工资的人数:在 B7 单元格输入低于平均工资的人数,计算过程与统计高于平均工资的人数基本相同,只要输入"<2638.15",在此不再赘述。

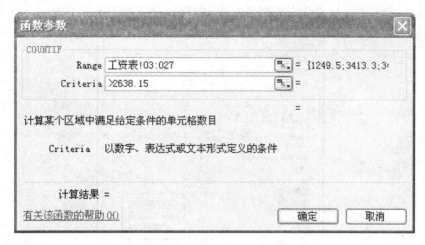

图 3.37　COUNTIF"函数参数"对话框

3. 工作表的美化

格式设置方法见实例 1,这里不再赘述。

下面列出格式要求:

(1)合并 A1:O1 标题行单元格,水平居中、垂直居中,调整适当的行高,范围是 40～46 像素,将标题文字设置为"隶书"、"加粗"、"20 号"、"深红色"。

(2)将表头 A2:O2 对齐方式设置为水平、垂直居中,自动换行,行高设为最适合的行高,将表头文字设置为"楷体"、"加粗"、"12 号"、"黑色"。设置底纹颜色为"象牙色"。将"应发工资"字段单元格 H2:H27 和"实发工资"字段单元格 O2:O27 底纹颜色设置为"茶色"。

(3)将"姓名"字段单元格 B3:B27 水平对齐方式设置为分散对齐,将"入职时间"字段单元格 D3:D27 水平对齐方式设置为左对齐,将其他字段单元格 A3:A27、C3:C27、E3:O27 水平对齐方式设置为居中对齐。所有字段的垂直对齐方式为居中对齐。

(4)将记录行的行高、列宽设置适当的值,行高一般可以设置为"16",列宽根据字段值的宽度合理调整即可。

(5)设置数据表内边框为"0.5 磅"细单实线,外边框为"1.5 磅"粗单实线,表头 A2:O2 单元格下边框为双实线,即分隔线。

4. 生成工资条

(1)新建一个 Word 文档,命名为"工资条模板.doc"。打开该文档,单击"文件"菜单栏→"页面设置",在弹出的页面设置对话框中选择"页边距"选项卡(图 3.38),"方向"选择"横向"(便于设计表格)。在该 Word 文档中制作一个表格,如图 3.39 所示,该表格的格式可以按照具体的要求设计,但是表格条目不得多于工作表中的明细条目。可在表格下方输入几个回车符,这样可在两个工资条间留下空隙,便于裁剪。

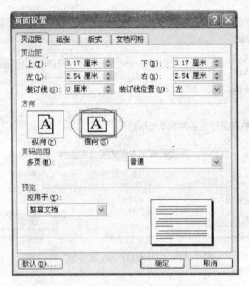

图 3.38 "页面设置"对话框

2010 年 10 月工资条

编号	姓名	部门	基本工资	岗位工资	生活补贴	应发工资	住房公积金	养老保险	医疗保险	失业保险	个人所得税	实发工资

图 3.39 设计工资条的格式

(2)单击"工具"菜单栏→"信函与邮件"→"邮件合并"(图3.40),在右侧"邮件合并"中的文档类型选择"目录",如图3.41所示。

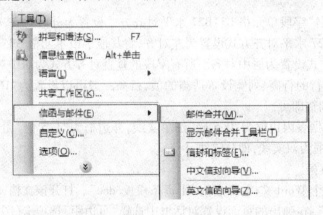

图 3.40 邮件合并

(3)单击"下一步:正在启动文档",选择开始文档中的"使用当前文档",如图3.42所示。

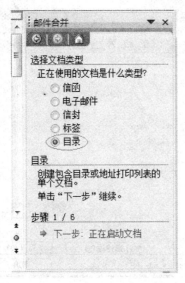
图3.41 选择文档类型

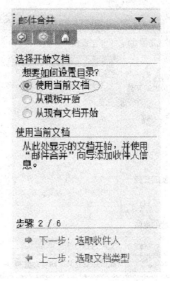
图3.42 选择开始文档

(4)单击"下一步:选取收件人",选择"使用现有列表",单击"浏览"按钮,如图3.43所示,弹出"选取数据源"对话框,找到"东方电子公司员工工资信息.xls"文档(图3.44),单击"打开"按钮,打开如图3.45所示的"选择表格"对话框,选择"工资条"工作表,单击"确定"按钮,打开如图3.46所示的"邮件合并收件人"对话框(注意:选择图3.46中的复选框,可以选取要打印的范围),单击"确定"按钮。

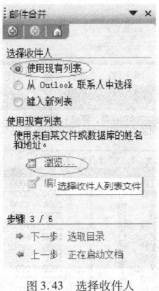
图3.43 选择收件人

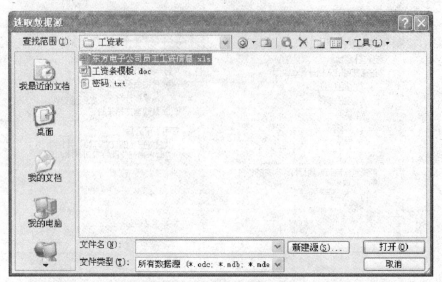

图 3.44 "选取数据源"对话框

图 3.45 "选择表格"对话框

图 3.46 邮件合并收件人对话框

(6)单击"下一步:选取目录",选择"其他项目",如图3.47所示,在弹出的"插入合并域"对话框的"插入"项选择"数据库域",单击要插入的项目(每一项对应一个字段)后单击"插入"按钮(注意:插入位置在光标后,注意控制光标在表格合适的位置,可以每次插入一条,也可以全部插入后再到表格中进行拖拽),全部插入后单击"关闭"按钮。

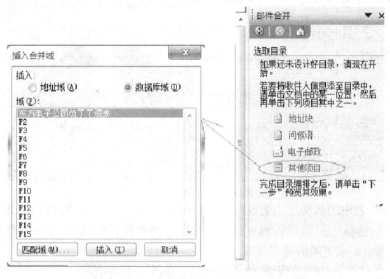

图3.47 "插入合并域"对话框

(7)单击"下一步:预览目录",得到工资条的样式预览,如图3.48所示。在预览目录时如发现数据不匹配,可返回上一步进行更改。

(8)单击"下一步:完成合并",单击"创建新文档",在弹出的"合并到新文档"对话框(图3.49)中选择合并记录。选择"全部"将在新文档中打印图3.46中选择的所有记录,选择"当前记录"将在新文档中打印图3.48预览目录的记录,选择"从＊＊到＊＊"将打印数据源中第几行到第几行的记录(注意:数据源中的工资项目明细也是一条记录,故在选择记录时要注意加1,如"从2到5"),单击"确定"按钮,得到工资条("从2到5")如图3.50所示。

2010年10月工资条

编号	姓名	部门	基本工资	岗位工资	生活补贴	应发工资	住房公积金	养老保险	医疗保险	失业保险	个人所得税	实发工资
00001	江博	技术部	3200	1000	320	4520	316.4	271.2	45.2	45.2	159.2	3682.8

图3.48 预览目录

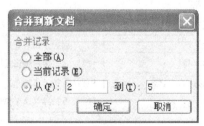

图3.49 合并到新文档对话框

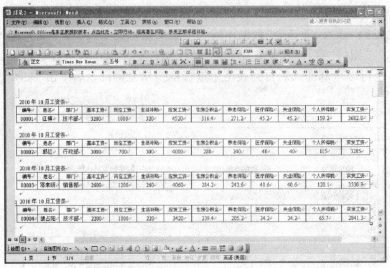

图 3.50 工资条样张

（9）当工资表中的数据发生更改时，在打开"工资条模板.doc"时会弹出如图 3.51 所示的提示窗口，选择"是"即可得到更新后的工资条的数据，依照以上步骤再次执行，就可以在新的文档中生成更新后的工资条。

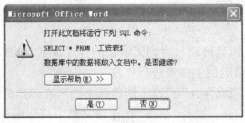

图 3.51 提示窗口

5. 保护工作表

（1）保护工作表。保护工作表可以有效防止工作表中数据被修改，操作方法如下：
单击"工具"菜单栏→"保护"→"保护工作表"，如图 3.52 所示，打开"保护工作表"

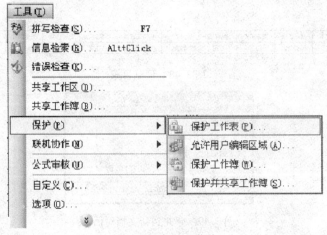

图 3.52 保护工作表

对话框,如图 3.53 所示,输入加密密码,按下"确定"按钮后弹出如图 3.54 所示的"确认密码"对话框,再次输入密码,确保两次输入的密码一致。

图 3.53 "保护工作表"对话框

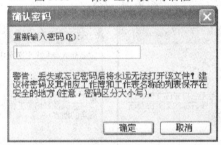

图 3.54 "确认密码"对话框

如果要取消保护,以同样的方法单击"工具"菜单栏→"保护"→"撤销工作表保护",输入保护密码即可。

(2)加密文件。单击"工具"菜单栏→"选项",在弹出的对话框中选择"安全性"选项卡,如图 3.55 所示,在"打开权限密码"和"修改权限密码"后的输入框中输入要设置的密码,单击"确定"按钮后会弹出"确认密码"对话框(若同时设置"打开权限密码"和"修改权限密码"会弹出两次,顺序为先是"打开密码",后是"修改权限密码"),再一次输入确认密码(图3.56),单击"确定"按钮。

如果要取消或修改密码,以同样的方法单击"工具"菜单栏→"选项"→"安全性",将密码删除即可,修改密码与设置密码的方法相同,用新密码将原密码覆盖即可。

制作完毕。

> 小知识:1.设置"打开权限密码"后,必须输入密码才可查看工作簿。
> 2.设置"修改权限密码"后,必须输入密码才可修改。

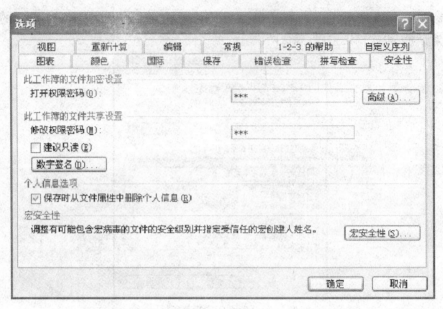

图 3.55 设置密码

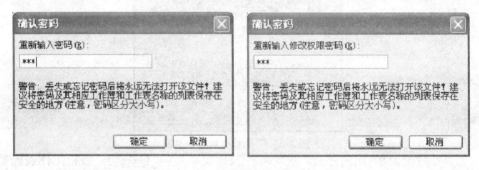

图 3.56 确认密码

3.4 实例 4：销售图表的设计制作

3.4.1 实例样张

制作如图 3.57 所示样张。

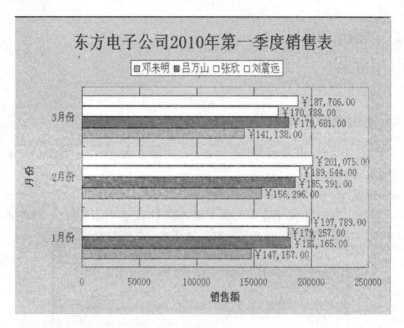

(a) 销售图表样张

(b) 数据透视表样张

图 3.57　实例:样张

3.4.2 实例培养目标

(1)会创建图表；
(2)会创建数据透视表。

3.4.3 实例操作步骤

新建一个 Excel 文档，重命名为"东方电子公司销售表.xls"。

1: 创建图表

将工作表标签 Sheet1 更名为销售图表。

(1)录入数据。在工作表相应单元格中输入文本，文本内容如图 3.58 所示。

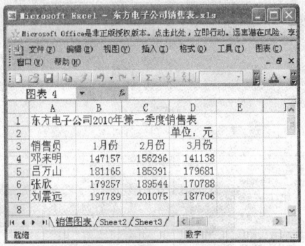

图 3.58　销售图表数据录入

(2)插入图表。选中 A3:D7 单元格区域，单击"插入"→"图表"，在图表类型中选择"条形图"，在子图表类型中选择第一种图表类型(图 3.59)，单击"完成"按钮，此时工作表中插入了一张图表，如图 3.60 所示。

图 3.59　图表类型

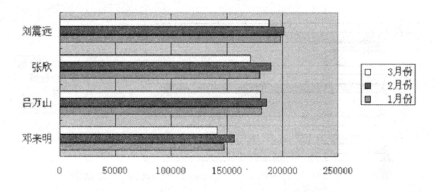

图 3.60 销售图表

(3) 修改"系列产生在"选项。选中图表,单击鼠标右键,在弹出的快捷菜单中选择"源数据"(图 3.61),在"系列产生在"中选择"行",单击"确定"按钮(图 3.62)。修改后的销售图表见图 3.63。

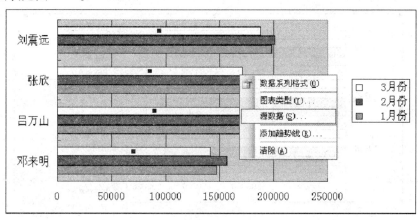

图 3.61 选择数据源选项

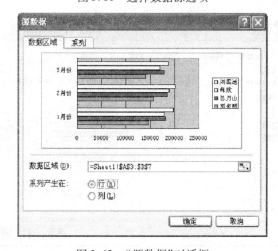

图 3.62 "源数据"对话框

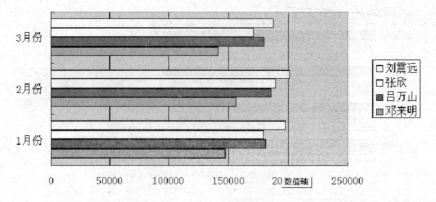

图3.63 修改后的销售图表

（4）添加图表标题。选中图表，单击鼠标右键，在弹出的快捷菜单中选择"图表选项"（图3.64），在"图表选项"对话框中的"图表标题"输入"东方电子公司2010年第一季度销售表"，"分类（x）轴"输入"月份"，"分类（y）轴"输入"销售额"（图3.65）。

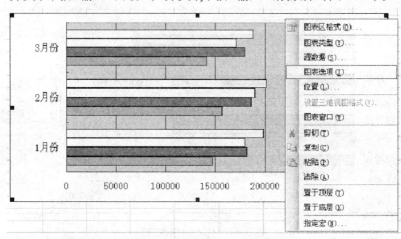

图3.64 选择图表选项

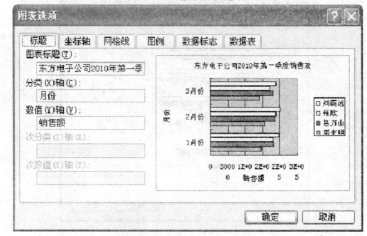

图3.65 添加图表标题

(5) 修改图例。选择"图例"选项卡,"位置"选择"靠上"选项(图 3.66)。

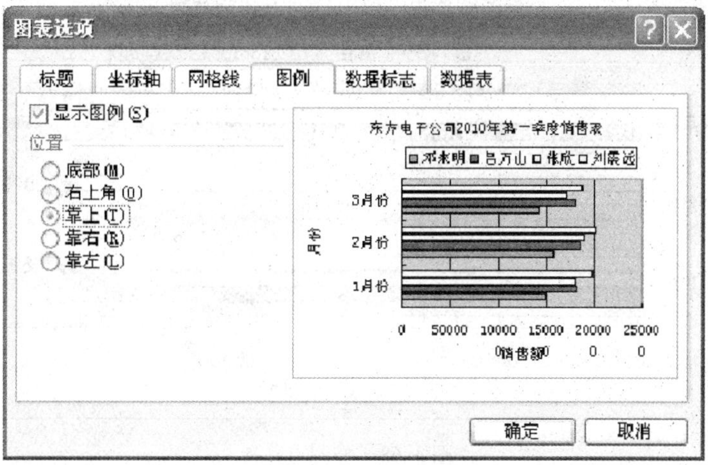

图 3.66　修改图例

(6) 显示数据。选择"数据标志"选项卡,"数据标签包括"选择"值"(图 3.67),单击"确定"按钮。

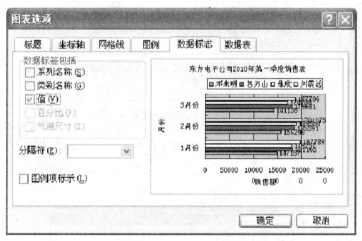

图 3.67　显示数据

(7) 控制点拖拽。选中绘图区,将鼠标指针至于绘图区边线上的控制点,拖拽鼠标(图 3.68)。

(8) 单击系列标签。在图表中单击某一个系列标签,则该系列标签全部被选中(图 3.69)。

(9) 设置货币样式。选中某一系列标签,单击鼠标右键,选择"数据标志格式"→"数字"→"货币"(图 3.70),单击"确定"按钮。分别依次修改其他系列标签。

(10) 设置图表标题格式。选中图表标题,单击鼠标右键,选择"图表标题格式"→"字体",将"字体"设为"宋体","字形"设为"加粗","字号"设为"20"(图 3.71),单击"确定"按钮。

(11) 修改坐标轴标题格式。选中坐标轴标题,单击鼠标右键,选择"坐标轴标题格

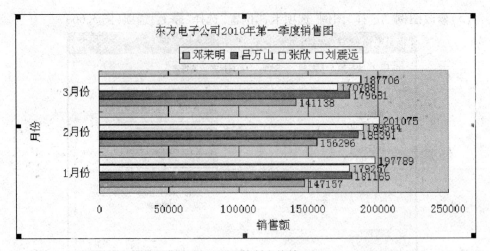

图 3.68 控制点拖拽

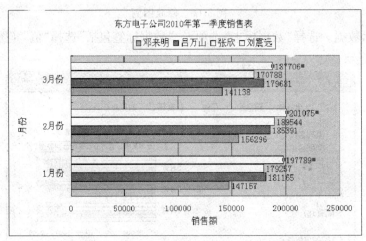

图 3.69 单击系列标签

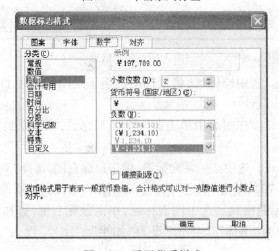

图 3.70 设置货币样式

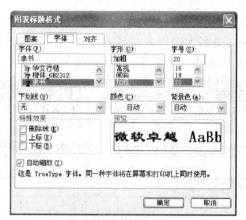

图 3.71　设置图表标题格式

式"→"字体",将"字体"设为"宋体","字形"设为"加粗","字号"设为"12",单击"确定"按钮。

设置后的销售图表如图 3.72 所示。

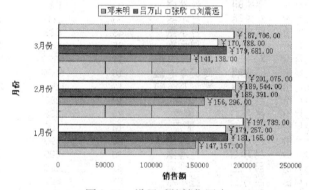

图 3.72　设置后的销售图表

(12)修改图表颜色。选中图表,单击鼠标右键,选择"图表区格式"→"图案",选择青绿色,单击"确定"按钮(图 3.73)。

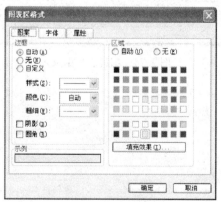

图 3.73　修改图表颜色

销售图表制作完毕。

2. 创建数据透视表

将工作表标签 Sheet2 更名为销售表。

（1）录入数据。在销售表中录入数据，内容如图 3.74 所示。

图 3.74　销售表数据录入

(2)插入数据透视表。选中销售表中 A2:F50 单元格区域,单击"数据"菜单栏 →"数据透视表和数据透视图",打开对话框(图 3.75),单击"完成"按钮。插入的数据透视表如图 3.76 所示,将此工作表标签更名为透视表。

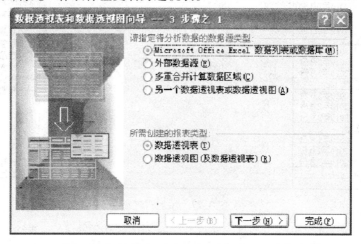

图 3.75　插入数据透视表

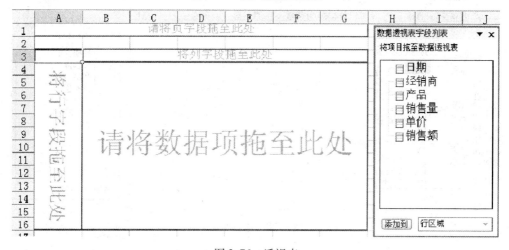

图 3.76　透视表

(3)添加行区域。在"数据透视表字段列表"中,将"经销商"字段拖拽到"行区域"的位置,将"日期"字段也拖拽到"行区域"位置(图 3.77)。

(4)添加列区域。在"数据透视表字段列表"中,将"产品"字段拖拽到"列区域"的位置(图 3.78)。

(5)添加数据区域。在"数据透视表字段列表"中,将"销售量"字段拖拽到"数据区域"的位置,将"销售额"字段也拖拽到"数据区域"的位置(图 3.79)。

(6)透视表美化。将透视表中总计的数据区域底纹颜色设置为黄色,销售量的数据区域底纹颜色设置为粉色,销售额的数据区域底纹颜色设置为蓝色(图 3.80)。

制作完毕。

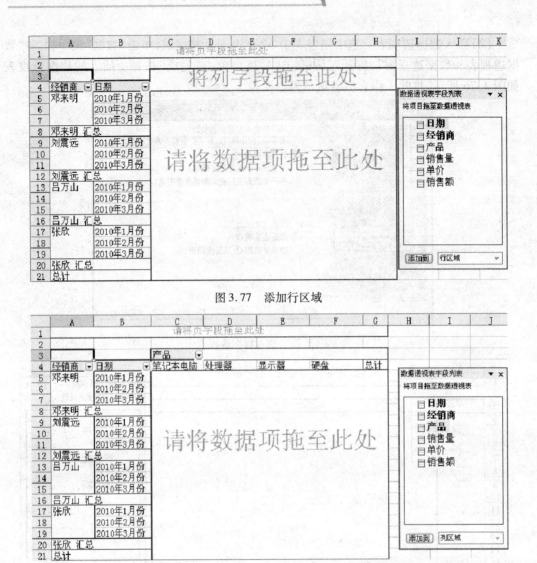

图 3.77 添加行区域

图 3.78 添加列区域

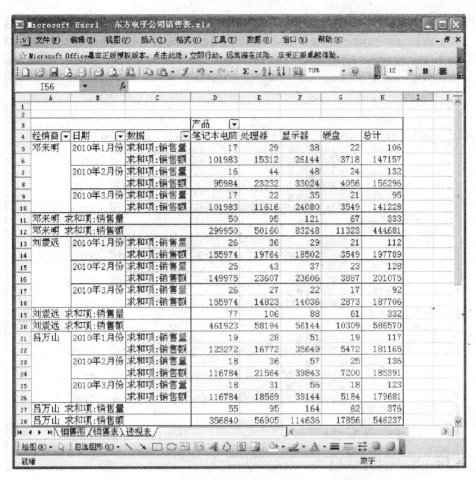

图 3.79 添加数据区域

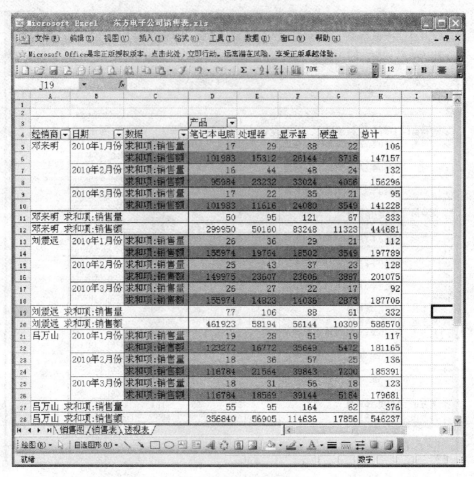

图 3.80 美化后的透视表

3.5 实例 5：营业收入月报表的设计制作

3.5.1 实例样张

制作如图 3.81 所示样张。

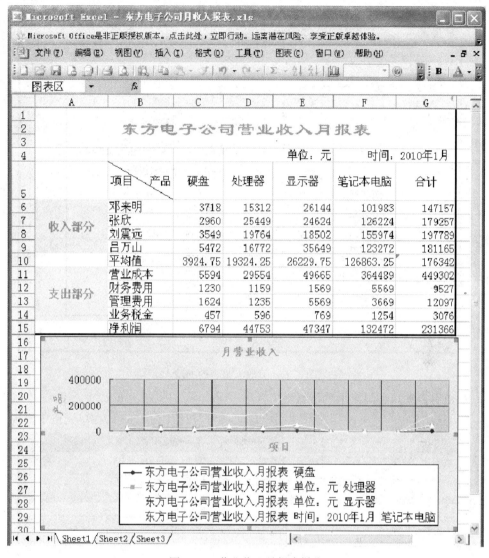

图 3.81　营业收入月报表样张

3.5.2　实例培养目标

（1）会求和函数的语法格式、使用方法；
（2）会求平均值函数的语法格式、使用方法；
（3）会绘制斜线表头；
（4）会创建折线图表。

3.5.3　实例操作步骤

新建一个 Excel 文档，重命名为"东方电子公司月收入报表.xls"。
1. 录入数据
在工作表相应单元格中输入文本，文本内容如图 3.82 所示。

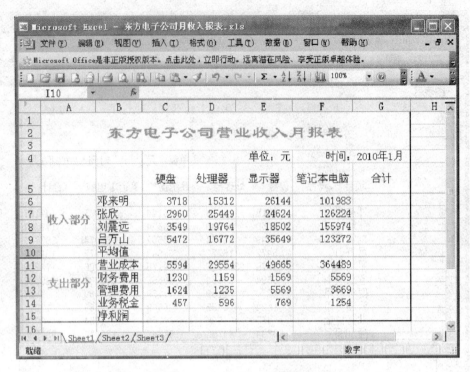

图 3.82　月收入报表数据录入

2. 使用自动求和与求平均值函数

（1）选中 G6 单元格，单击工具栏中"自动求和"按钮（图 3.83），在单元格中出现

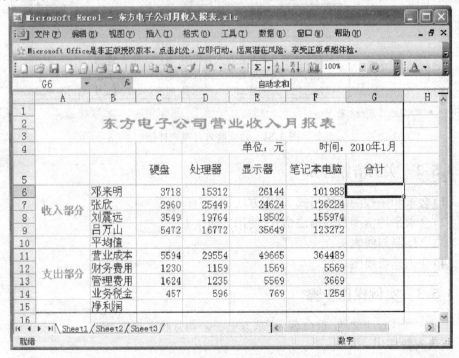

图 3.83　自动求和按钮

"=SUM(C6:F6)"函数(图3.84),按下 Enter 键,即完成自动求和。再使用填充柄自动填充该列所有数据。

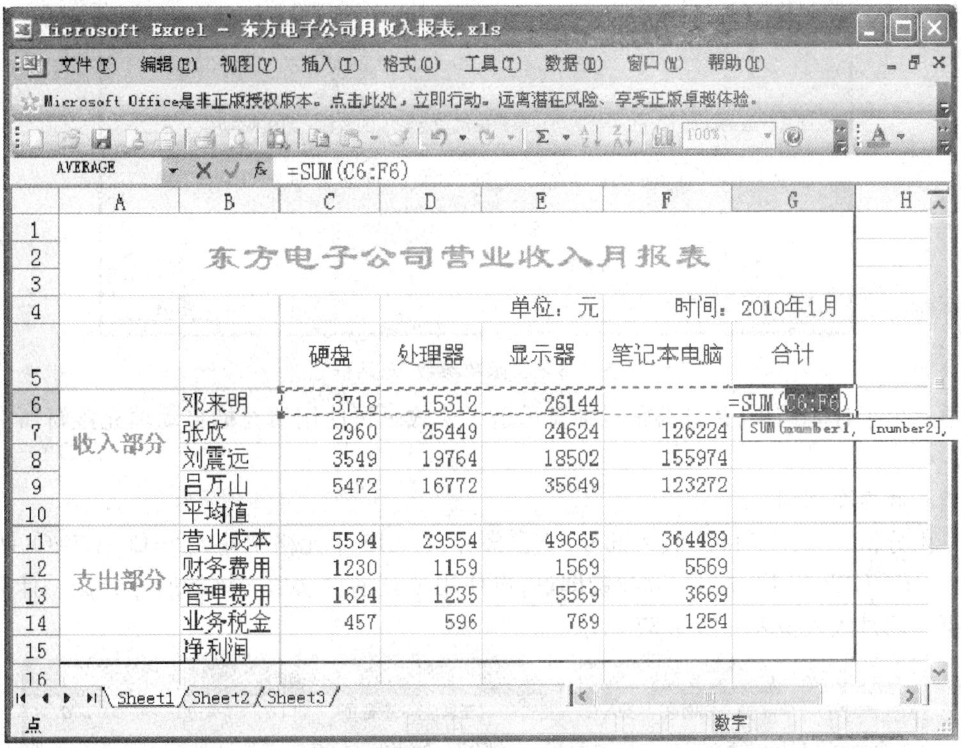

图3.84 SUM()函数

(2)选中 C10 单元格,然后单击编辑栏上的 fx 图标,观察此时编辑栏发生的变化。系统自动在单元格和编辑行中插入"=",打开"插入函数"对话框(图3.85),然后在"选择函数"列表框中选择 AVERAGE()函数,弹出"函数参数"对话框(图3.86),自动给出默认参数,也可以自定义参数,单击"确定"按钮,返回工作表中,可以发现C10单元格中已

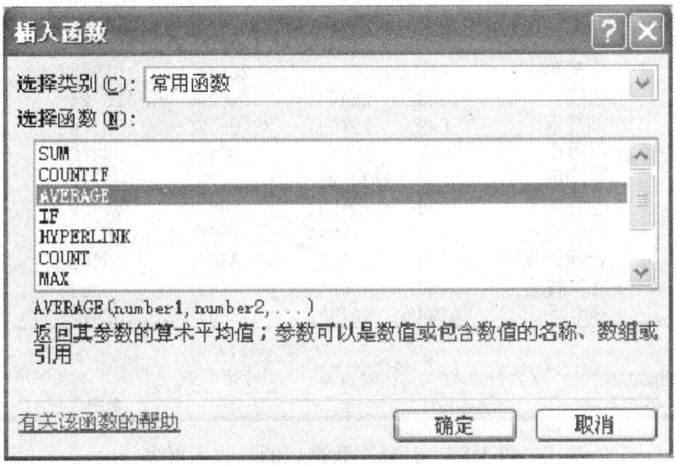

图3.85 "插入函数"对话框

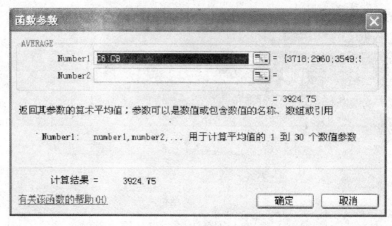

图 3.86 "函数参数"对话框

经显示出了计算结果,并且编辑栏中显示出了公式。再使用填充柄自动填充该行所有数据。

3. 计算净利润

由分析可知,净利润=收入部分-支出部分,在 C15 单元格中输入"=C6+C7+C8+C9-C11-C12-C13-C14",按下 Enter 键即可,再使用填充柄自动填充该行所有数据。计算完数据后的月收入报表如图 3.87 所示。

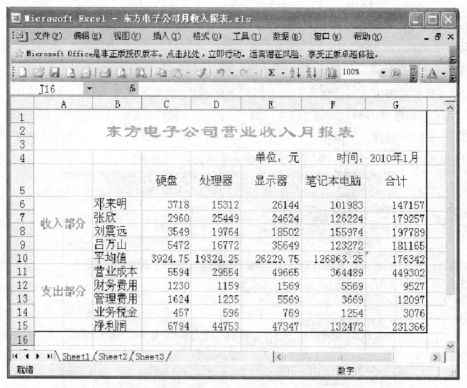

图 3.87 计算完数据后的月收入报表

4. 格式化表格

(1)绘制斜线表头。选中 B5 单元格,单击“格式”菜单栏→“单元格”,选择“边框”选项卡,单击斜线边框,单击“确定”按钮(图 3.88)。

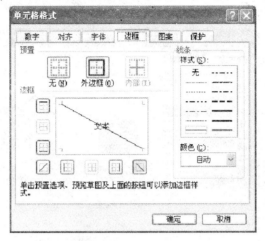

图 3.88　绘制斜线表头

(2)美化表格。在单元格中输入数据,对单元格对齐方式、行高列宽等进行调整,设置单元格底纹颜色,格式化后的月营业收入报表如图 3.89 所示。

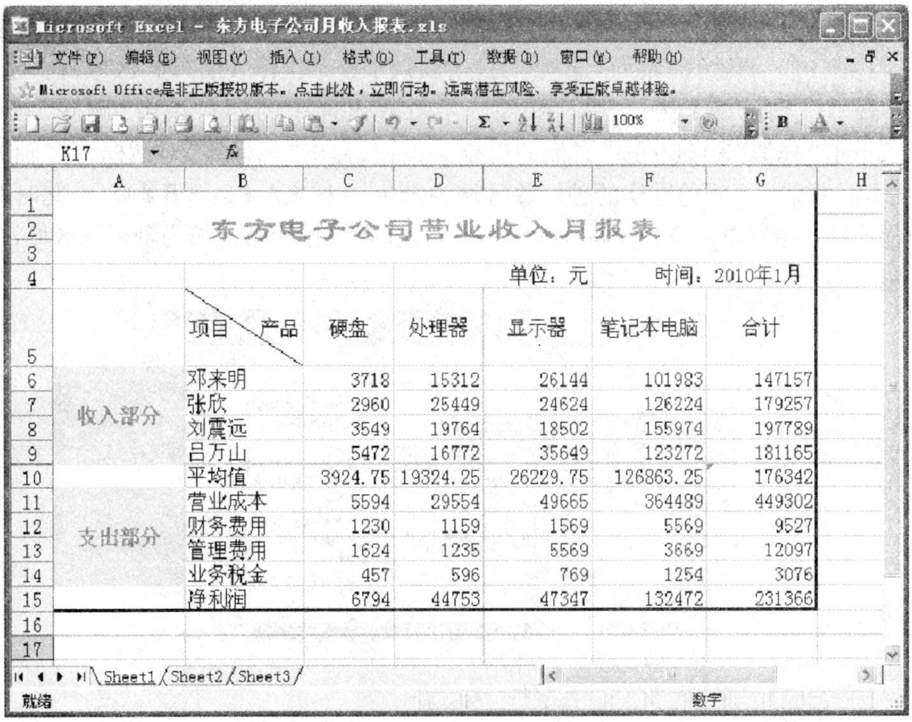

	项目＼产品	硬盘	处理器	显示器	笔记本电脑	合计
收入部分	邓来明	3718	15312	26144	101983	147157
	张欣	2960	25449	24624	126224	179257
	刘震远	3549	19764	18502	155974	197789
	吕万山	5472	16772	35649	123272	181165
	平均值	3924.75	19324.25	26229.75	126863.25	176342
支出部分	营业成本	5594	29554	49665	364489	449302
	财务费用	1230	1159	1569	5569	9527
	管理费用	1624	1235	5569	3669	12097
	业务税金	457	596	769	1254	3076
	净利润	6794	44753	47347	132472	231366

图 3.89　格式化后的营业收入月报表

5. 创建图表

(1) 选择图表类型。单击表格任意含有数据的单元格,单击"插入"菜单栏→"图表",在打开的对话框中选择图表类型,这里选择"折线图",在"子图表类型"中选择"数据点折线图",单击"下一步"按钮(图3.90)。

图3.90　选择图表类型

(2) 选择图表源数据。在弹出的"图表源数据"对话框中选择"数据区域"和"系列产生在"(图3.91),再选择"系列"选项卡,此时默认了整个工作表的"列"区域,在"系列"列表框中选中"合计"列(在"名称"和"值"中可看出选中的列),单击"删除"按钮(图3.92),单击"分类(X)轴标志"右侧的折叠按钮,弹出"轴标签"对话框,在"轴标签区域"文本框中显示了当前默认的轴标签区域为"Sheet1!＄A＄6:＄B＄15",此时在工作表中拖动鼠标指针重新选择"Sheet1!＄C＄5:＄F＄5"单元格区域为轴标签区域,单击折叠按钮返回"系列"对话框中(图3.93),单击"下一步"按钮。

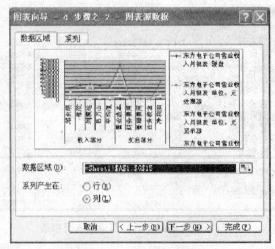

图3.91　选择图表源数据

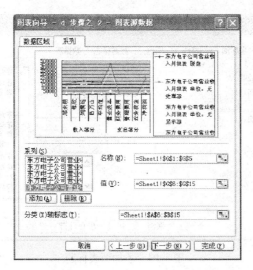

图 3.92 删除合计列

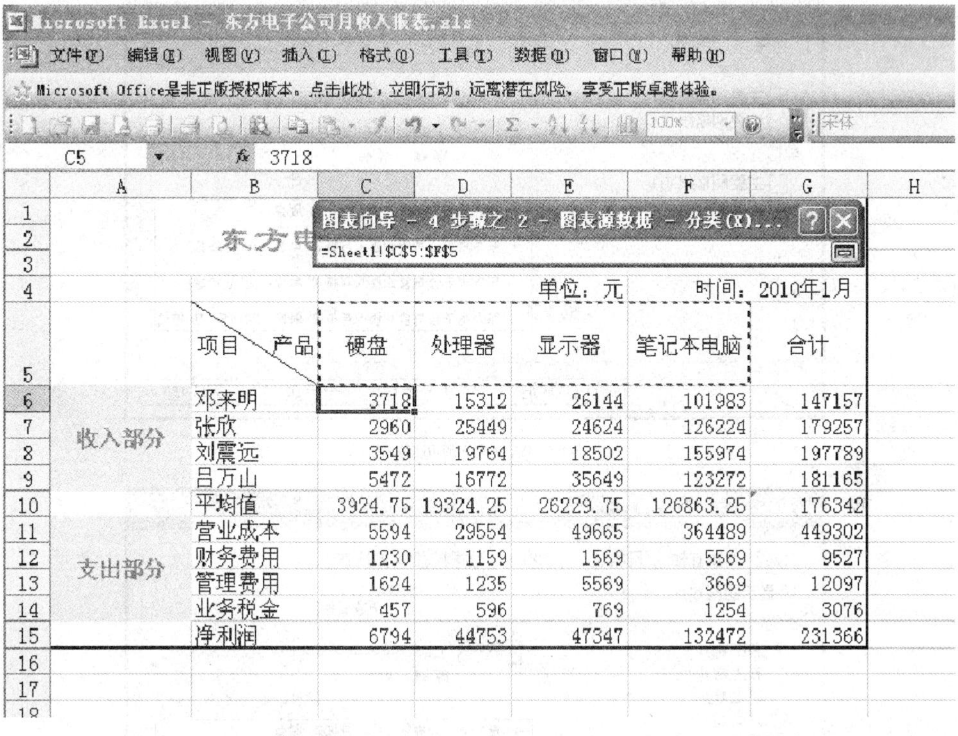

图 3.93 重新选择轴标签区域

（3）添加图表标题。在弹出的"图表选项"对话框中选择"标题"选项卡，为图表、纵坐标和横坐标添加标题，如图 3.94 所示。

（4）设置网格线。选择"网格线"选项卡，单击"分类（X）轴"中的"主要网格线"（图 3.95）。

（5）更改图例位置。选择"图例"选项卡，位置选择"底部"选项（图 3.96），单击"下一步"按钮。

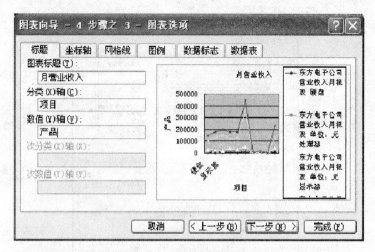

图 3.94　添加图表标题

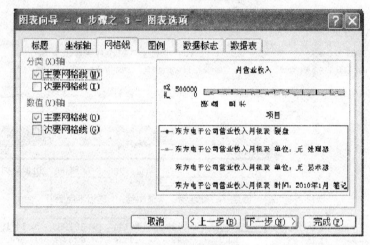

图 3.95　设置网格线

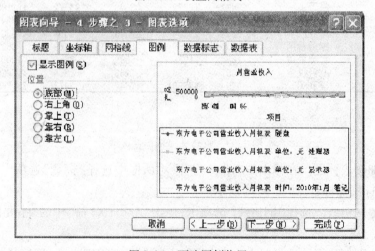

图 3.96　更改图例位置

(6)选择放置图表的位置。在弹出的"图表位置"对话框中选中"作为其中的对象插入",然后在其右侧的下拉列表中选择"Sheet1"工作表(图3.97),单击"完成"按钮。

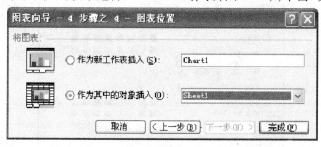

图 3.97　选择放置图表的位置

(7)设置标题格式。选中标题所在的文本框,然后将其设置为"楷体",大小为"12",颜色为"红色",字形为"加粗"(图3.98)。

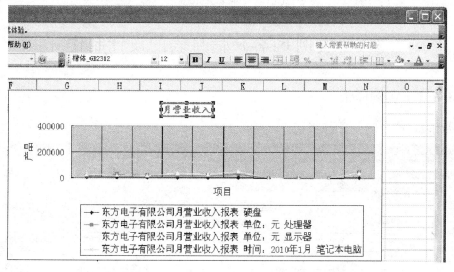

图 3.98　设置标题格式

(8)修改图表颜色。选中图表,单击鼠标右键,选择"图表区格式"→"图案",选择绿色,单击"确定"按钮(图3.99)。

营业收入报表制作完毕。

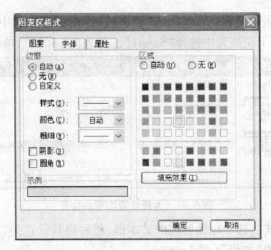

图 3.99 修改图表颜色

3.6 实例6：客户信息表的设计制作

3.6.1 实例样张

制作如图 3.100 所示样张。

(a)客户明细资料表

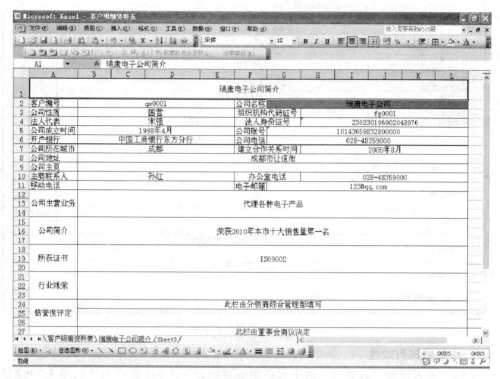

(b)瑞康电子公司简介

图3.100 客户信息表样张

3.6.2 实例培养目标

(1)会设置数据有效性的方法；
(2)会插入批注的方法；
(3)会插入超链接的方法；
(4)会引用不同工作表数据的方法。

3.6.3 实例操作步骤

新建一个Excel文档,重命名为"客户明细资料表.xls"。

1. 设计工作表格式

(1)将工作表标签Sheet1更名为"客户明细资料表"。设置"客户编号"、"公司名称"、"公司性质"、"组织机构代码证号"、"法人代表"、"法人身份证号"、"成立时间"、"建立合作关系时间"、"开户银行"、"公司账户"、"所在城市"、"公司电话"、"公司地址"、"公司主页"、"主要联系人"、"办公室电话"、"移动电话"、"电子邮箱"、"主营业务"、"公司简介"、"所获证书"、"行业殊荣"等字段。

(2)切换至Sheet2,将工作表标签Sheet2更名为"瑞康电子公司简介",将"客户明细资料表"中的各列名称按图3.101所示的格式排列。

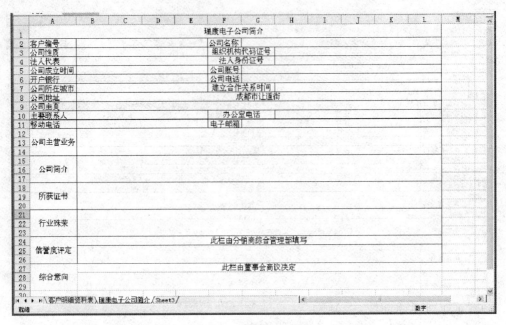

图 3.101　设置工作表格式

2．设置数据有效性

（1）设置客户编号有效性。选中客户明细资料表的 A 列（客户编号），单击"数据"菜单栏→"有效性"，在弹出的"数据有效性"对话框中选择"设置"选项卡，从"允许"下拉列表中选择"文本长度"，从"数据"下拉列表框中选择"等于"，然后在"长度"文本框中输入"6"（图3.102）。切换至"出错警告"选项卡，在"标题"文本框中输入"文本长度只能为6位"（图3.103）。当输入无效数据时，会弹出此提示信息，单击"确定"按钮。

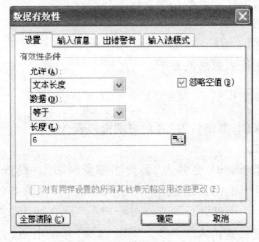

图 3.102　设置客户编号有效性

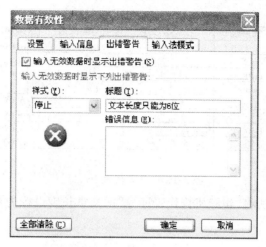

图 3.103　设置错误提示信息

（2）设置公司性质有效性。选中"公司性质"所在列的所有单元格，按照上面的方法打开"数据有效性"对话框，选择"设置"选项卡，将"允许"条件设置为"序列"，在"来源"文本框中键入组成序列的值，各值之间用逗号间隔（注意：逗号必须是在英文状态下输入），单击"确定"按钮（图 3.104）。此时该单元格旁边有一个下拉按钮，单击该下拉按钮，从展开的下拉列表中选择所需的值，如图 3.105 所示。

图 3.104　设置公司性质有效性

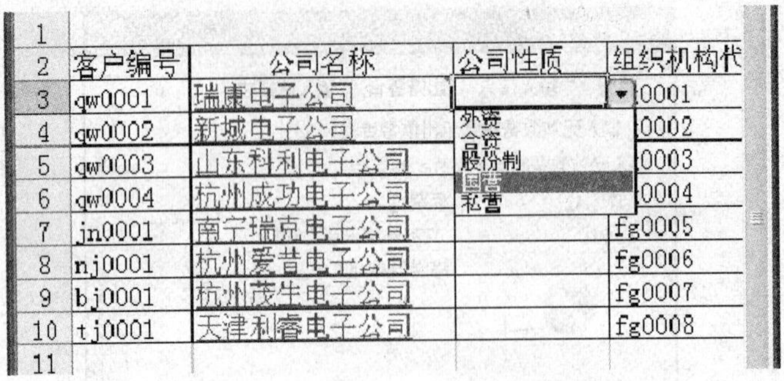

图3.105 从下拉表中选择值

(3) 用同样的方法将"组织机构代码证号"的文本长度设置为6位,"法人身份证号"长度设置为18位。

3. 设置日期格式

选中"成立时间"和"建立合作关系时间"所在的列,将其设为日期型(图3.106)。

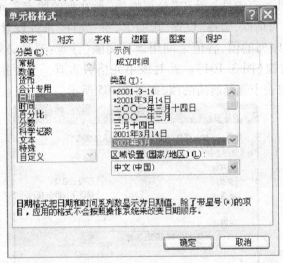

图3.106 设置日期格式

4. 录入数据

录入文本内容,如图3.100客户明细资料表所示。

5. 使用批注

(1) 选中需要插入批注的单元格,例如,单击B3单元格,单击"插入"菜单栏→"批注"(图3.107)。

(2) 在所选单元格附近出现的文本框中输入批注内容即可,如图3.108所示。如果对文本框的大小不满意,可以直接拖动文本框周围的控制点来进行调整大小。另外也可以将鼠标指针放到文本框四周通过拖动来改变其位置。

> 小知识:用户还可以选中单元格,单击鼠标右键,从弹出的快捷菜单中选择"插入批注"命令。

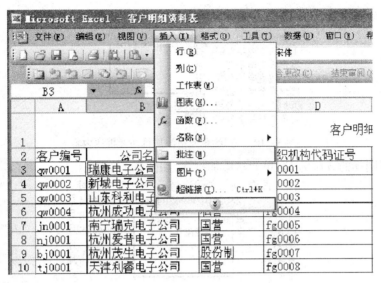

图 3.107　插入批注

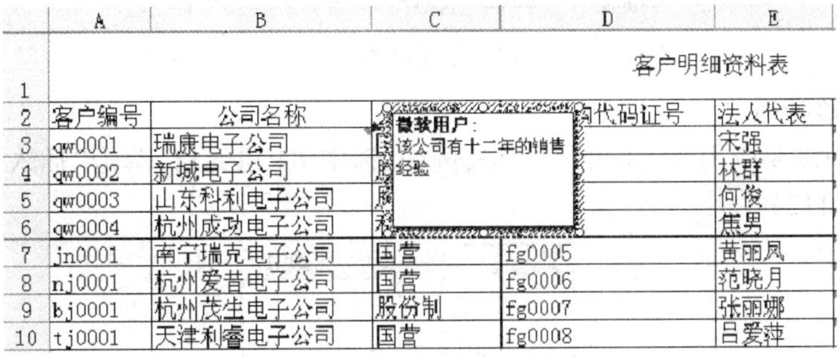

图 3.108　输入批注内容

(3) 如果需要重新编辑批注,则选中该单元格,单击鼠标右键,从弹出的快捷菜单中选择"编辑批注"(图 3.109),即可对批注进行修改。

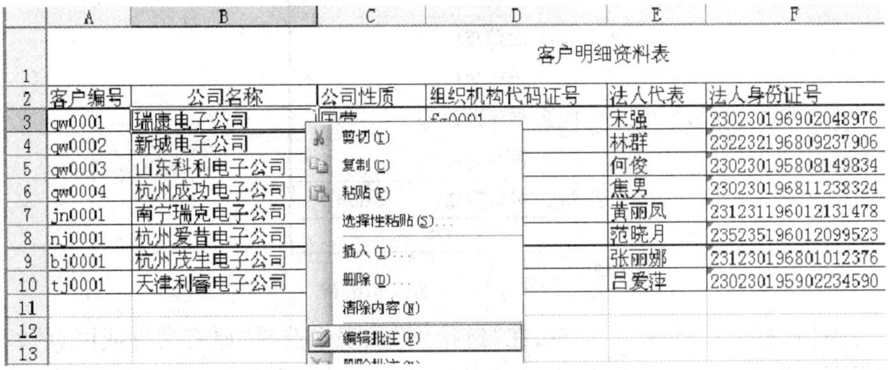

图 3.109　重新编辑批注

（4）用同样的方法为 B5 单元格添加批注，如图 3.110 所示。

图 3.110　为 B5 单元格添加批注及批注内容

（5）用同样的方法为 E5 单元格添加批注，如图 3.111 所示。

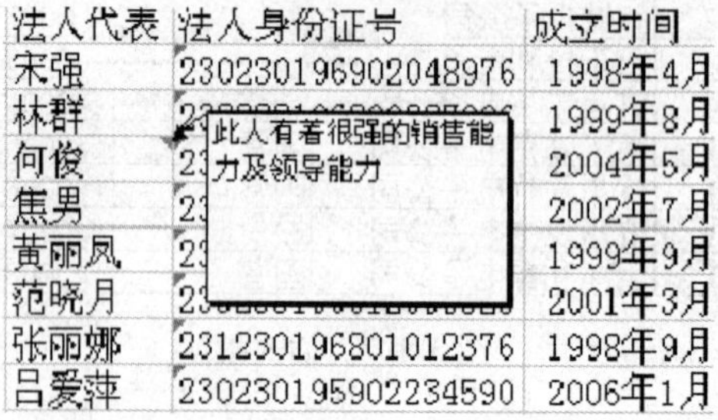

图 3.111　为 E5 单元格添加批注及批注内容

6. 应用超链接

（1）选中需要应用超链接的单元格，例如，选中 B4 单元格，单击"插入"菜单栏→"超链接"（图 3.112）。

图 3.112　插入超链接

（2）弹出"插入超链接"对话框，在"链接到"列表中选择"原有文件或网页"，利用"查找范围"下拉列表找到所需文件，选中文件后，单击"确定"按钮。此处链接到的文件是一篇 Word 文档，如图 3.113 所示。

（3）返回文档时，插入链接的文字会变成蓝色并有下划线，将鼠标移到文字上方，指针会变成小手的形状，同时显示提示信息，如图 3.114 所示。

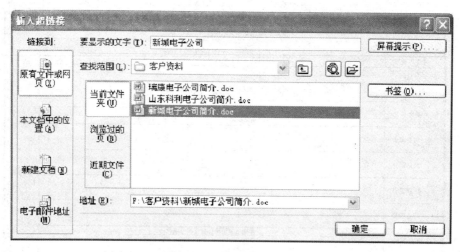

图 3.113　链接到已有文件

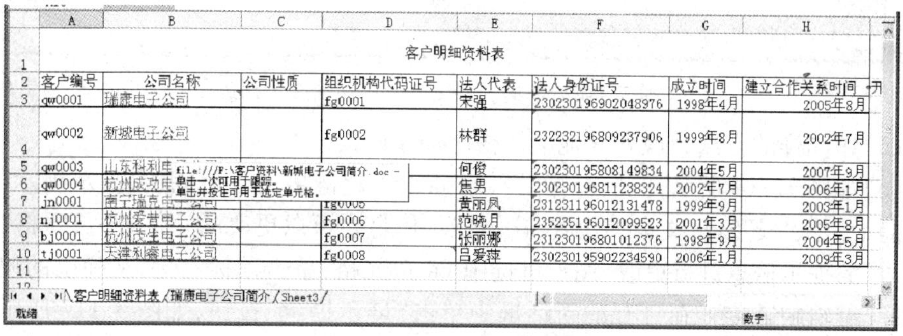

图 3.114　插入链接后的单元格

(4)瑞康电子公司的简介文件是和客户明细资料表放在同一个 Excel 文档中,则需在"插入超链接"对话框中,"链接到"列表中选择"本文档中的位置",选定"瑞康电子公司简介"工作表,单击"确定"按钮,如图 3.115 所示。返回文档,当单击"瑞康电子公司"时,就会链接到瑞康电子公司简介工作表,如图 3.116 所示。

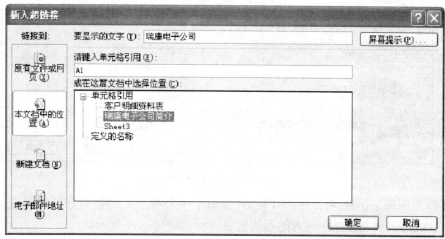

图 3.115　选择要引用的工作表

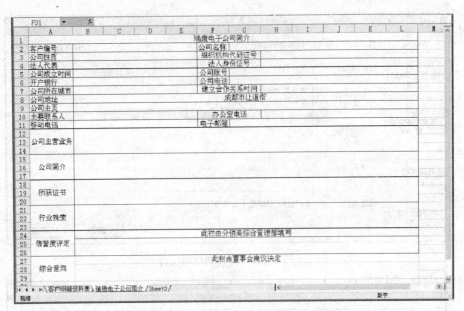

图 3.116　链接到瑞康电子公司简介工作表

（5）用同样的方法为该列其他单元格添加超链接。

（6）如图 3.114 所示，但鼠标指针移至插入了超链接文本后，就会显示提示信息，默认的提示信息是超链接文本的位置，这个提示信息是可以更改的。例如，需要将"新城电子公司"的提示信息进行更改，用户可选中 B4 单元格，单击鼠标右键，从弹出的快捷菜单中选择"编辑超链接"，在打开的对话框中单击"屏幕提示"按钮，如图 3.117 所示。弹出"设置超链接屏幕提示"对话框，然后单击"屏幕提示"按钮，在文本框中输入提示文字，如图 3.118 所示，单击"确定"按钮，返回到"编辑超链接"对话框，再一次单击"确定"按钮。

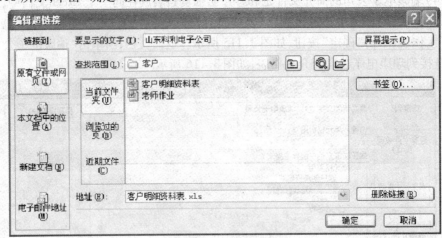

图 3.117　屏幕提示按钮

（7）返回原工作表，将鼠标指针移至"新城电子公司"，此时在下方出现刚才在"设置超链接屏幕提示"对话框中输入的新的信息提示，如图 3.119 所示。

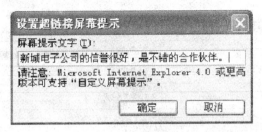

图 3.118 输入屏幕提示文字

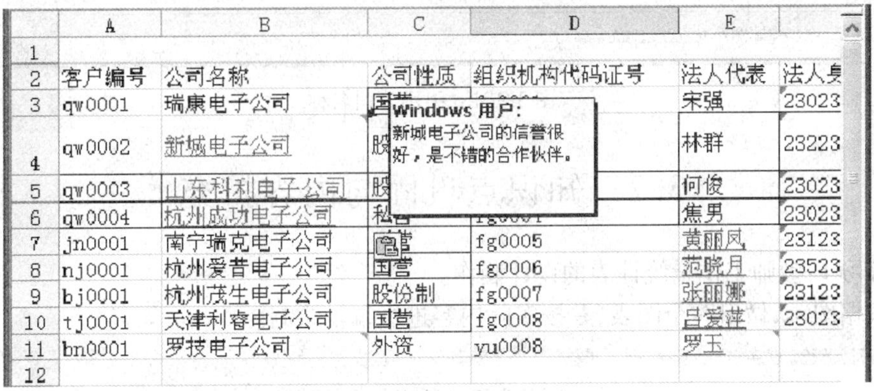

图 3.119 显示新的信息提示

7. 引用不同工作表间的数据

（1）双击瑞康电子公司简介工作表中的 G2 单元格，输入"="，切换到客户明细资料表，选中 B3 单元格，此时在编辑栏中显示"=客户明细资料表！B3"（图 3.120），按下 Enter 键，即可在瑞康电子公司简介工作表中的 G2 单元格显示"瑞康电子公司"（图 3.121）。

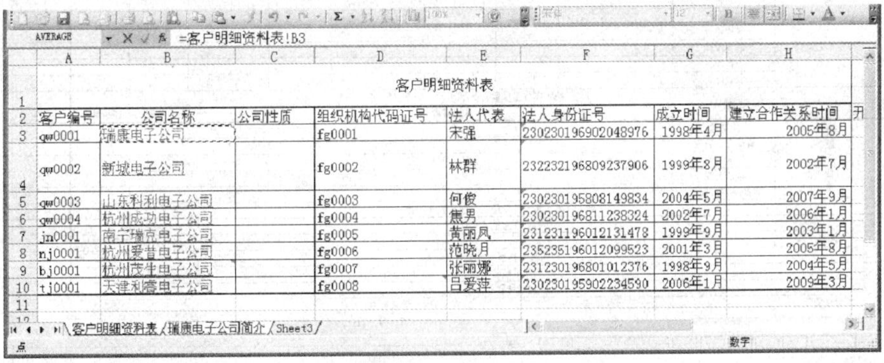

图 3.120 引用其他工作表中的数据

（2）将 G2 单元格底纹颜色设为蓝色。
（3）用同样的方法引用客户明细资料表中其他数据。
制作完毕。

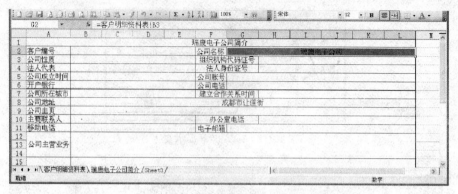

图 3.121　引用公司名称

3.7　知识点巩固与内容扩充

练习 1：教师工作量统计表的设计制作。

根据图示，做出一个图表，并按实际内容进行编辑绘制。

要求：设置标题为"广西师范学院教师工作量统计表"，字体为宋体，字号为 22 号，字体颜色为黑色，加粗，调整单元格行高和列宽，按照图示合并居中单元格，设置边框如图所示，并把工作表标签 Sheet1 改为"广西师范学院专任中青年工作量统计表"。

练习2：装修报价单的设计制作

序号	名称	单位	工程量	单价	金额	材料及施工说明
	建筑装饰工程有限公司报价单					
客户		工程地址				
装修面积		联系方式				
工程总造价						
	1、客餐厅及走廊					
1	墙面基层处理(含基膜人工，不含基膜)	m²	26.6	18		材料说明：墙面专用腻子，含基膜人工，不含基膜。 施工流程：清扫基层，磨砂纸，满刮腻子，打磨。(不含墙纸铺贴) 工艺标准：墙面专用腻子三遍+人工费
2	(ICI)多乐士"家丽安"净味乳胶漆	m²	42	22		材 料："多乐士"环保乳胶漆，滚涂，胶粉、白乳胶、滑石粉、"乐山刚玉"腻子膏满刮 工艺流程：清扫基层，剔腻子，找平，打磨，底漆一遍，面漆滚涂两遍(若墙面由于土建原因造成空鼓现象，需铲除原墙面灰，重做基层处理，则另加人工费8元/m²；若墙面阴阳角误差2cm以上需找平，则另加材料费及人工费6元/m²)
3	天棚拒形造型顶	m²	26.5	98		材 料：专用轻钢龙骨标准施工或木龙骨(主龙骨30X50，次龙骨25X35)， "龙牌"纸面石膏板，防火涂料，钢屋额 工艺流程：弹线，找水平，主次龙骨安装，校平，到纸面石膏板，高强自攻螺钉固定，主龙骨间距900-1200mm，副龙骨间距400mm，造型部分木龙骨，木龙骨涂刷防火涂料
4	天棚通花基层龙骨	m²	16	35		材 料：专用轻钢龙骨标准施工或木龙骨(主龙骨30X50，次龙骨25X35) 防火涂料，钢屋额 工艺流程：弹线，找水平，主次龙骨安装，校平，高强自攻螺钉固定，主龙骨间距900-1200mm，副龙骨间距400mm，造型部分木龙骨，间距300mm，木龙骨涂刷防火涂料
5			小计			
	2、主卧及主卧阳台					
1	墙纸基层处理(含基膜人工，不含基膜)	m²	12.4	18		材料说明：墙面专用腻子，含基膜人工，不含基膜。 施工流程：清扫基层，磨砂纸，满刮腻子，打磨。(不含墙纸铺贴) 工艺标准：墙面专用腻子三遍+人工费
2	(ICI)多乐士"家丽安"净味乳胶漆	m²	30.2	22		材 料："多乐士"环保乳胶漆，滚涂，胶粉、白乳胶、滑石粉、"乐山刚玉"腻子膏满刮 工艺流程：清扫基层，剔腻子，找平，打磨，底漆一遍，面漆滚涂两遍(若墙面由于土建原因造成空鼓现象，需铲除原墙面灰，重做基层处理，则另加人工费8元/m²；若墙面阴阳角误差2cm以上需找平，则另加材料费及人工费6元/m²)
3			小计			
	3、次卧					
1	(ICI)多乐士"家丽安"净味乳胶漆	m²	26.2	22		材 料："多乐士"环保乳胶漆，滚涂，胶粉、白乳胶、滑石粉、"乐山刚玉"腻子膏满刮 工艺流程：清扫基层，剔腻子，找平，打磨，底漆一遍，面漆滚涂两遍(若墙面由于土建原因造成空鼓现象，需铲除原墙面灰，重做基层处理，则另加人工费8元/m²；若墙面阴阳角误差2cm以上需找平，则另加材料费及人工费6元/m²)
2			小计			
	5、厨房					
1	墙地砖铺贴(规格：800*800-300*300mm)	m²	5.3	40		材 料：峨眉P325大厂水泥、中砂 工艺流程：清理基层，调适砂浆，刷素水泥浆一遍，找水平，选砖，浸水，粘贴，敲击压实，勾缝，清缝，纸板遮盖成品保护（水泥砂浆体积配合比1：2.5，砂浆层超过4cm按每加4cm厚增加人工材料费10元/m²）
2	室内防水处理(丙纶卷材防水)	m²	24.8	40		室外丙纶卷材防水处理，关水24小时试验无渗漏。
3			小计			
	6、卫生间					
1	墙地砖铺贴(规格：800*800-300*300mm)	m²	15.4	40		材 料：峨眉P325大厂水泥、中砂 工艺流程：清理基层，调适砂浆，刷素水泥浆一遍，找水平，选砖，浸水，粘贴，敲击压实，勾缝，清缝，纸板遮盖成品保护（水泥砂浆体积配合比1：2.5，砂浆层超过4cm按每加4cm厚增加人工材料费10元/m²）
2	室内防水处理(丙纶卷材防水)	m²	24.3	40		室外丙纶卷材防水处理，关水24小时试验无渗漏。
3			小计			
	7、生活阳台					
1	(ICI)多乐士"家丽安"净味乳胶漆	m²	20.6	22		材 料："多乐士"环保乳胶漆，滚涂，胶粉、白乳胶、滑石粉、"乐山刚玉"腻子膏满刮 工艺流程：清扫基层，剔腻子，找平，打磨，底漆一遍，面漆滚涂两遍(若墙面由于土建原因造成空鼓现象，需铲除原墙面灰，重做基层处理，则另加人工费8元/m²；若墙面阴阳角误差2cm以上需找平，则另加材料费及人工费6元/m²)
2	墙地砖铺贴(规格：600*800-300*300mm)	m²	15.6	40		材 料：峨眉P325大厂水泥、中砂 工艺流程：清理基层，调适砂浆，刷素水泥浆一遍，找水平，选砖，浸水，粘贴，敲击压实，勾缝，清缝，纸板遮盖成品保护（水泥砂浆体积配合比1：2.5，砂浆层超过4cm按每加4cm厚增加人工材料费10元/m²）
3	室内防水处理(丙纶卷材防水)	m²	19.8	40		室外丙纶卷材防水处理，关水24小时试验无渗漏。
4			小计			
	8、观景阳台					
1	(ICI)多乐士"家丽安"净味乳胶漆	m²	22	22		材 料："多乐士"环保乳胶漆，滚涂，胶粉、白乳胶、滑石粉、"乐山刚玉"腻子膏满刮 工艺流程：清扫基层，剔腻子，找平，打磨，底漆一遍，面漆滚涂两遍(若墙面由于土建原因造成空鼓现象，需铲除原墙面灰，重做基层处理，则另加人工费8元/m²；若墙面阴阳角误差2cm以上需找平，则另加材料费及人工费6元/m²)
2	墙地砖铺贴(规格：800*800-300*300mm)	m²	3.9	40		材 料：峨眉P325大厂水泥、中砂 工艺流程：清理基层，调适砂浆，刷素水泥浆一遍，找水平，选砖，浸水，粘贴，敲击压实，勾缝，清缝，纸板遮盖成品保护（水泥砂浆体积配合比1：2.5，砂浆层超过4cm按每加4cm厚增加人工材料费10元/m²）
4			小计			

					5、水电工程	
37						
38	1	吊顶布线	m	12	28.00	直径2.5M㎡川缆厂铜芯线,多联PVC管及配件,吊顶内或石膏板线条用PVC软管剪管锡焊,人工安装。(每根线管中穿线不超过3根)
39	2	照明线路明敷	m	14	28.00	多联PVC管2.5M㎡川缆总厂铜芯线、配件,锡焊、辅料、人工安装。(每根线管中穿线不超过3根)
40	3	照明线路暗敷	m	14	32.00	多联PVC管2.5M㎡川缆总厂铜芯线、配件,锡焊、开槽、暗敷、人工安装。(每根线管中穿线不超过3根)
41	4	空调线路暗敷	m	15	38.00	多联PVC管4M㎡川缆厂铜芯线、配件、开槽、暗敷、人工安装。(每根线管中穿线不超过3根)
42	5	额电线路暗敷	m	11	25.00	多联PVC管、配件,额电线、开槽、暗敷、人工安装。(每根线管中穿线不超过3根)
43	6	给水管明敷	m	10	34.00	多联PPR∅25管,热合、接头、配件、人工安装。
44	7	给水管暗敷	m	12	38.00	多联PPR∅25管、配件,热合、开槽、暗敷、人工安装。
45	8	排水管暗敷(∅50-55.9管)	m	10	60.00	多联PVC管,暗敷、安装。
46	9	排水管接头(∅50-55.9管)	m	17	30.00	多联PVC管相应接头安装。
47	10	排水管暗敷(∅110管)	m	16	70.00	多联PVC管,暗敷、安装。
48	11	排水管接头(∅110管)	个	15	40.00	多联PVC管相应接头安装。
49	12	卫生洁具安装 人工辅料	套	5	70.00	金便器、洗手盆,人工安装。(洁具客户自购)
50	13	热水器安装	台	10	30.00	热水器由业主自购
51	14	地漏安装	个	5	6.00	地漏由业主自购
52	15	五金件安装人工及辅料	个	4	6.00	马桶刷、不锈钢锅巾架、镜面,人工安装(五金件客户自购)
53	16	暗盒、接线盒安装人工费	个	6	6.00	PVC线盒,人工安装。
54	17	开关、插座面板安装人工费	个	20	5.00	开关、插座安装。(开关、插座面板客户自购)
55	18	吊灯、主灯安装人工费	个	15	45.00	吊灯、主灯安装。(灯具客户自购)

要求:

1. 录入如图所示的原文内容,调整行高,列宽,合并单元格。

2. 按照如下要求对表格进行修饰:

(1)设置表标题为"建筑装饰工程有限公司报价单",字体为黑体,字号为22磅,加粗,字体为深红色;

(2)如图在每个小标题所在的单元格设置"灰色-20%"的底纹;

(3)利用公式计算每个项目中各单项的金额、工程总造价和整个装修的总装修面积;

(4)在"金额"列中,按升序方式对数据进行排序;

(5)为"水电工程"所示数据创建三维柱形图图表;

(6)为"水电工程"做一个透视图表。

3. 可自行为该报价单设计一个页脚。

第4章 PowerPoint 2003 高级办公应用

PowerPoint 2003 是 Office 办公软件的重要组件之一。PowerPoint 2003 是一个功能强大、简单易学的演示文稿制作软件。本章一共给出了 6 个典型的办公应用实例,分别是电子相册、公司宣传手册、答谢证书、年度营销计划、年度日程表和地理教学课件,这些案例几乎涵盖了演示文稿制作的所有内容。本章意在强化 PowerPoint 2003 的高级办公应用,以实例的形式进行讲解,并附有图片和详细操作步骤,图文并茂、简单易学。最后一节还给出了本章的知识点巩固和内容扩充的几个实例,供读者课后练习使用。

4.1 实例1:电子相册的制作

随着人们生活水平的提高,计算机和摄影器材的普及,越来越多的人不再到照相馆去冲洗照片,而是将照片以电子文件的形式保存在计算机中。电子相册在这样的环境下应运而生,电子相册就是把若干的电子照片集中起来,再用相应的软件给相片添加相框、背景、场景、音乐等,让照片伴随着音乐在计算机上、电视上进行播放。电子相册的制作有很多的软件,我们不需要专业电子相册的制作软件,用读者都很熟悉的 PowerPoint 2003 就可以制作出精美的电子相册,下面以《大连冰峪沟》为实例来制作一个电子相册。

4.1.1 实例样张

制作如图 4.1 所示样张。

4.1.2 实例培养目标

(1)了解电子相册的结构;
(2)会创建相册;
(3)会设置幻灯片设计模板和背景;
(4)会使用幻灯片母版;
(5)能够插入动作按钮;
(6)会设置超链接;
(7)能够插入及编辑图片、艺术字、声音文件;

（8）会设置幻灯片的自定义动画效果；

（9）会设置幻灯片的切换效果；

（10）会设置页眉页脚和幻灯片的编号；

（11）会设置相册的播放方式：自动播放或手动播放。

相册封面　　　　　　　　　　　相册目录

 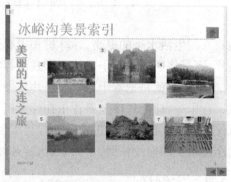

相册内页之一　　　　　　　　　相册封底

图4.1　实例：样张

4.1.3 实例操作步骤

1. 准备工作

(1) 电子相册的结构介绍。本实例电子相册由相册封面、相册目录、相册内页、相册封底四部分组成,共包括 9 张幻灯片,相册封面 1 张、相册目录 1 张、相册内页 6 张、相册封底 1 张。

(2) 打开 PowerPoint 2003,自动创建一个新的演示文稿文件。然后点击"文件"菜单→"保存",将文件保存在 D 盘,文件名为"电子相册"。

2. 创建相册

点击"插入"菜单→"图片"→"新建相册",打开"相册"对话框,如图 4.2 所示。在"相册"对话框中点击插入图片来自"文件/磁盘"选项,选择计算机硬盘中的照片文件,如果连接扫描仪或者照相机,则可以选择下面的选项"扫描仪/照相机"。连续添加 6 张照片后,设置图片的版式为"1 张图片(带标题)",相框形状为"三角形相角",然后单击创建按钮,即创建了一个 7 张幻灯片的相册,其中第一张幻灯片为相册封面,其他 6 张为相册内页。

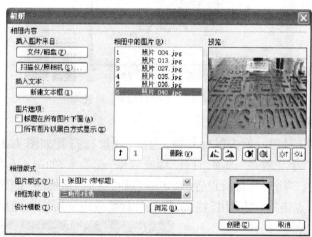

图 4.2 "相册"对话框

3. 制作目录页和封底页

在第一张幻灯片的后面插入一张新的幻灯片作为相册的目录页,在最后一张幻灯片的后面插入一张幻灯片作为相册的封底页,具体的步骤是点击"插入"菜单→"新幻灯片"。

4. 设置幻灯片版式

选中第一张幻灯片,点击鼠标右键,选择"幻灯片版式"选项,打开如图 4.3 所示的"幻灯片版式"列表,在右侧的列表中选择"标题幻灯片"版式。用同样的方法将第二张幻灯片的版式设置成"只有标题",最后一张幻灯片的版式设置成"标题幻灯片"。

5. 幻灯片设计模板

点击任意一张幻灯片,单击鼠标右键,选择"幻灯片设计",打开如图 4.4 所示的"幻灯片设计"列表,在右侧的列表中选择"Level"模板,应用于所有幻灯片。

图4.3 "幻灯片版式"列表

图4.4 "幻灯片设计"列表

6. 幻灯片背景

点击任意一张幻灯片,单击鼠标右键,选择"背景",打开如图4.5所示"背景"对话框,选择列表中的"填充效果"选项,打开"填充效果"选项卡,如图4.6所示,选择"双色",对于颜色1和颜色2用户可自行设置,选定颜色后,选择"从标题"的底纹样式,然后点击"确定"按钮,最后点击"全部应用"按钮,将双色背景应用于所有幻灯片,如样张所示。

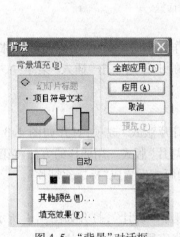

图4.5 "背景"对话框

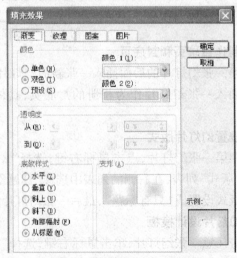

图4.6 "填充效果"对话框

7. 封面设计

在第1张幻灯片主标题中输入文字"大连冰峪沟",在副标题中输入文字"天地工作室2010年12月",文字格式读者可自行设置,位置如样张所示;点击"插入"菜单→"图片"→"来自文件",插入一张照片,适当地调整图片大小,摆放在如样张"相册封面"所示的位置上。

8. 目录设计

在第2张幻灯片标题中输入文字"冰峪沟美景索引",文字格式读者可自行设置;点击"插入"菜单→"图片"→"来自文件",在第2张幻灯片中插入内页中显示的6张图片,适当地调整图片大小,摆放在如样张"相册目录"所示的位置上。

9. 内页设计

(1)在第3张幻灯片标题中输入文字"冰峪沟入口",文字格式读者可自行设置;
(2)在第4张幻灯片标题中输入文字"夫妻石",文字格式读者可自行设置;
(3)在第5张幻灯片标题中输入文字"畅游冰峪沟",文字格式读者可自行设置;
(4)在第6张幻灯片标题中输入文字"国际高尔夫球场",文字格式读者可自行设置;
(5)在第7张幻灯片标题中输入文字"金石滩",文字格式读者可自行设置;
(6)在第8张幻灯片标题中输入文字"大连广场",文字格式读者可自行设置。

10. 底封设计

在第9张幻灯片主标题中输入文字"大连冰峪沟",在副标题中输入文字"欢迎您的光临!",文字格式读者可自行设置,位置如样张"相册底封"所示。

11. 母版的设计

(1)点击"视图"菜单→"母版"→"幻灯片母版",进入到"幻灯片母版"视图,如图4.7所示。

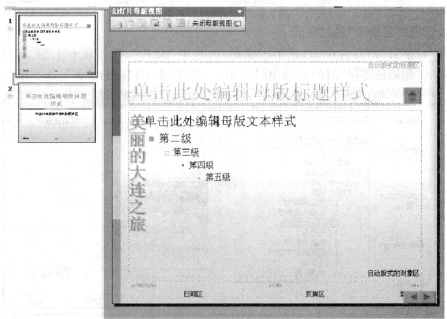

图4.7 "母版"视图

(2)在"正文"的母版页中点击"插入"菜单→"图片"→"艺术字",插入艺术字"美丽的大连之旅",艺术字样式选择"竖排文字"样式。

(3)插入链接到"目录页"的按钮。具体方法是:点击"幻灯片放映"菜单→"动作按钮",选择"动作按钮:第一张",在母版的右上角用鼠标画出一个动作按钮,如图4.7所示。再选中按钮,点击鼠标右键,打开"动作设置"对话框,如图4.8所示,打开"超链接到"列表,选择"幻灯片"选项,选择第二张幻灯片(冰峪沟美景索引)。

(4)插入链接到"上一页"和"下一页"的按钮。具体方法与上面相似,点击"幻灯片放映"菜单→"动作按钮",在母版的右下角插入"上一页"和"下一页"动作按钮,如图4.7所示。

(5)最后点击幻灯片母版视图工具栏上的"关闭母版视图"按钮,关闭母版视图。

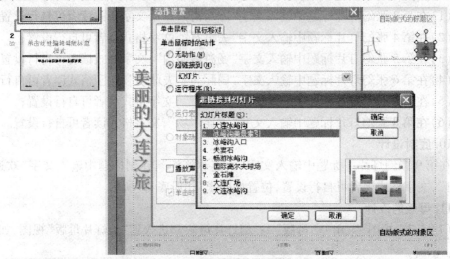

图4.8 "动作设置"对话框

12. 设置"目录页"的超链接

在"目录页"幻灯片中,选定第一张照片,选中"照片",单击鼠标右键,选择"超链接",打开"编辑超链接"对话框,如图4.9所示,选择"本文档中的位置",选择第三张幻灯

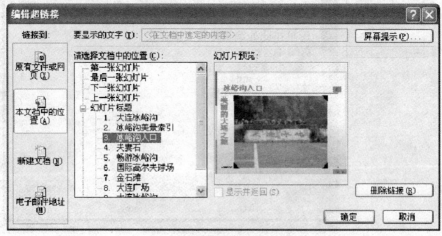

图4.9 "编辑超链接"对话框

片(冰峪沟入口),单击"确定"按钮。其他5张照片分别链接到4~8张幻灯片,方法与前面相同。

13. 设置幻灯片的自定义动画效果

点击"幻灯片放映"菜单→"自定义动画",打开如图4.10所示的"自定义动画"列表,先选定要设置的对象(文字/图片/其他),然后在窗口右侧的列表中选择一种自定义动画"添加效果"(进入/强调/退出/动作路径),如图4.10所示。

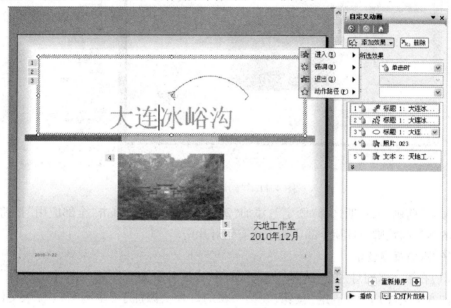

图4.10 "自定义动画"列表

(1)封面页的自定义动画效果。将文字主标题设置成"挥舞"的进入效果,"跷跷板"的强调效果,动作路径为"橄榄球形";图片设置成"菱形"的进入效果;自定义动画效果:文字标题设置成"挥舞"的进入效果;图片设置成"菱形"的进入效果。

(2)目录页的自定义动画效果。文字标题设置成"挥舞"的进入效果;图片设置成"菱形"的进入效果。

(3)内页的自定义动画效果。相册6张内页幻灯片文字标题都设置成"挥舞"的进入效果;图片都设置成"菱形"的进入效果。

(4)封底的自定义动画效果。文字主标题设置成"挥舞"的进入效果;副标题设置成"百叶窗"的进入效果;文字主标题设置成"扇形展开"的退出效果;副标题设置成"十字形扩展"的退出效果。

14. 设置幻灯片的切换效果

点击"幻灯片放映"菜单→"幻灯片切换",打开如图4.11所示的"幻灯片切换"列表,在列表中选择"顺时针回旋,4根轮辐"样式,速度选择"慢速",点击下面的"应用于所有幻灯片"按钮,将幻灯片的切换效果应用于所有的幻灯片。

15. 添加幻灯片编号和日期

点击"视图"菜单→"页眉页脚",打开如图4.12所示的"页眉和页脚"对话框,在"幻

图 4.11 "幻灯片切换"列表

灯片编号"前画钩,日期选择"固定",添加"2010-7-22",然后单击"全部应用"按钮,将幻灯片的编号和页脚的日期全部应用于所有幻灯片中。

16. 添加背景音乐

(1)在第一张幻灯片中,选择"插入"菜单→"影片和声音"→"文件中的声音",选择需要的音乐文件,单击"确定"按钮,在第一张幻灯片上添加了"小喇叭"(音乐文件),如图 4.11 所示。

(2)选中"小喇叭",点击鼠标右键,选择"编辑声音对象",打开如图 4.13 所示的"声音选项"对话框,在"播放声音时隐藏声音图标"前画钩,单击"确定"按钮。

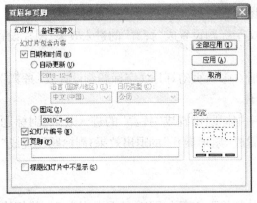
图 4.12 "页眉和页脚"对话框

图 4.13 "声音选项"对话框

(3)点击"幻灯片放映"菜单→"自定义动画",打开"自定义动画"列表,在列表中将声音对象的自定义动画的位置移动到最上面,然后选中声音的"自定义动画效果",点击鼠标右键,选择"效果选项"选项卡,如图 4.14 所示。打开"播放声音"对话框,如图 4.15

所示,设置音乐的停止播放为"在第 9 张幻灯片后",到此步骤就完成了音乐作为整个相册的背景音乐的设置。

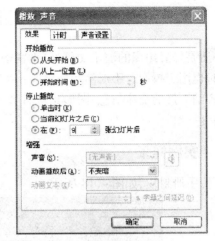

图 4.14　"效果选项"选项卡　　　　图 4.15　"播放声音"对话框

17. 设置自动放映方式

(1)点击"幻灯片放映"菜单→"自定义动画",打开"自定义动画"列表,把每张幻灯片的所有"自定义动画"效果的"开始"选项均设置成"之后",如图 4.16 所示。

(2)点击"幻灯片放映"菜单→"幻灯片切换",打开"幻灯片切换"列表,把每张幻灯片的"幻灯片切换"效果的"换片方式"均设置成每隔"10 秒",读者也可以自行设定时间间隔,如图 4.17 所示。

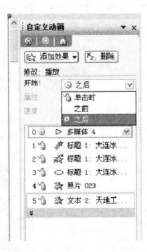

图 4.16　"自定义动画"选项卡　　　　图 4.17　"幻灯片切换"选项卡

4.2 实例2:公司宣传手册的制作

宣传手册是经过组织的演示文稿,包含紧密排列在一起的文本和图形。手册通常用于印刷,有时也用于投影。手册演示文稿的3个典型特征,分别是文字较小且内容排列较密集,可以容纳大量的交流信息;图形元素简单,可以快速而准确地印刷;幻灯片之间版面设计要求高度一致。

4.2.1 实例样张

制作宣传手册封皮,如图4.18所示。

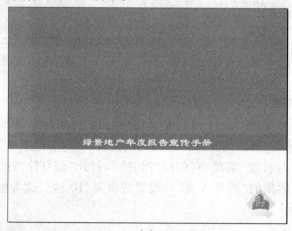

(a)

宣传手册内页1

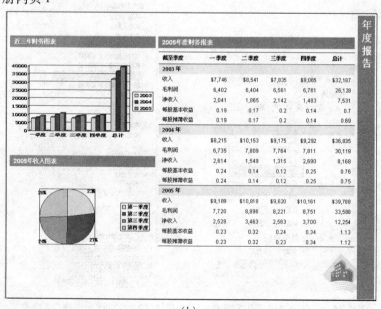

(b)

宣传手册内页 2

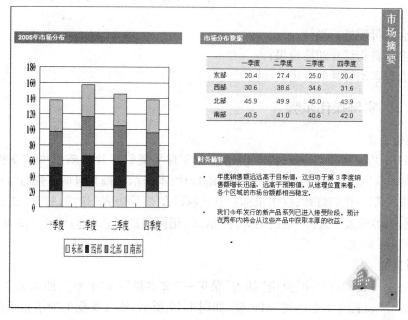

（c）

宣传手册内页 3

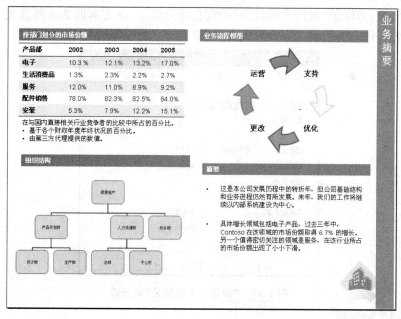

（d）

图 4.18　实例：样张

4.2.2　实例培养目标

（1）会设计宣传手册幻灯片的版面；

（2）会在幻灯片中插入文本框、图表、图示、表格等对象，并能够对这些对象能够进行编辑和格式化；

（3）会对母版进行设计；

（4）会设置幻灯片切换效果；

（5）会设置幻灯片的自定义动画。

4.2.3 实例操作步骤

1. 准备工作

（1）打开 PowerPoint 2003，自动创建一个含有一张幻灯片的演示文稿文件，再点击"插入"菜单→"新幻灯片"，再插入 3 张新幻灯片，本演示文稿共包括 4 张幻灯片。

（2）选中第一张幻灯片，点击鼠标右键，选择"幻灯片版式"选项，打开"幻灯片版式"列表，在右侧的列表中选择"空白幻灯片"版式，用同样的方法将幻灯片 2、3、4 均设置成"空白幻灯片"版式。

2. 封皮的编辑

（1）在第一张幻灯片中，点击"插入"菜单→"文本框"→"水平"，插入文本框 1，双击文本框，打开"设置文本框格式"对话框，如图 4.19 所示，给文本框 1 的填充颜色添加"灰色"，调整文本框 1 的大小和位置，如样张"宣传手册封皮"的灰色部分所示。

（2）用同样的方法插入文本框 2，给文本框 2 的填充颜色添加"棕色"，调整文本框 2 的大小和位置，如样张"宣传手册封皮"的棕色部分所示，在文本框 2 中添加文字"绿景地产年度报告宣传手册"，将文字设置成隶书、28 号字。

图 4.19 "设置文本框格式"对话框

3. 内页 1 的编辑

（1）插入竖排文本框。在第二张幻灯片中，点击"插入"菜单→"文本框"→"垂直"，插入一个竖排文本框，设置竖排文本框的底纹颜色为灰色，方法与步骤 2 中相同，用鼠标调整文本框的大小和位置，如样张图片"宣传手册内页 1"所示，在竖排文本框中添加文字"年度报表"，设置成宋体、20 号、粗体。

(2)插入横排文本框。再在幻灯片中插入三个横排的文本框,分别输入文字"近三年财务图表"、"2005 年收入图表"、"2005 年度财务报表",文字设置成宋体、12 号、粗体,设置文本框的底纹颜色为棕色,方法与步骤 2 中相同,用鼠标调整文本框的大小和位置,如样张图片"宣传手册内页 1"所示。

截至季度	一季度	二季度	三季度	四季度	总计
2003 年					
收入	$7,746	$8,541	$7,835	$8,065	$32,187
毛利润	6,402	6,404	6,561	6,761	26,128
净收入	2,041	1,865	2,142	1,483	7,531
每股基本收益	0.19	0.17	0.2	0.14	0.7
每股摊薄收益	0.19	0.17	0.2	0.14	0.69
2004 年					
收入	$8,215	$10,153	$9,175	$9,292	$36,835
毛利润	6,735	7,809	7,764	7,811	30,119
净收入	2,614	1,549	1,315	2,690	8,168
每股基本收益	0.24	0.14	0.12	0.25	0.76
每股摊薄收益	0.24	0.14	0.12	0.25	0.75
2005 年					
收入	$9,189	$10,818	$9,620	$10,161	$39,788
毛利润	7,720	8,896	8,221	8,751	33,588
净收入	2,528	3,463	2,563	3,700	12,254
每股基本收益	0.23	0.32	0.24	0.34	1.13
每股摊薄收益	0.23	0.32	0.23	0.34	1.12

图 4.20 "2005 年度财务报表"数据表格

(3)绘制表格。点击"插入"菜单→"表格",插入一个 19 行 6 列的表格,在表格中输入如图 4.20 所示的数据;选定整个表格,设置所有的文字为宋体、10 号,选定表格的第 1、2、8、14 行,给单元格中的数据加粗;设置第 1、2、8、14 行的底纹颜色为浅灰色;给表格添加如图 4.18 所示的边框;适当地调整表格的大小和位置,如样张"宣传手册内页 1"所示。

(4)绘制"近三年财务图表"。点击"插入"菜单→"图表",在插入图表的同时弹出数据表,在数据表中输入如图 4.21 所示的数据,然后关闭数据表窗口,适当地调整图表的大小和位置,如样张"宣传手册内页 1"所示。

(5)绘制"2005 年收入图表"。点击"插入"菜单→"图表",在插入图表的同时弹出数据表,在数据表中输入如图 4.22 所示的数据,关闭数据表窗口;选择图表,点击鼠标右键,在"图表类型"中选择饼图,如图 4.23 所示,点击"确定"按钮,完成图表类型的设置,适当地调整图表的大小和位置,如样张"宣传手册内页 1"所示。

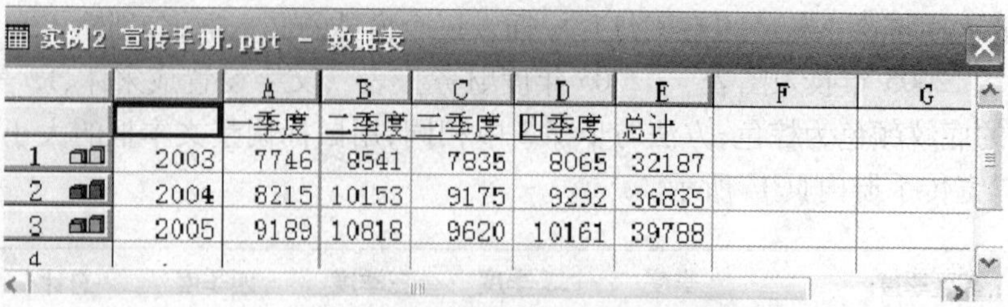

图4.21 "近三年财务图表"的数据表窗口

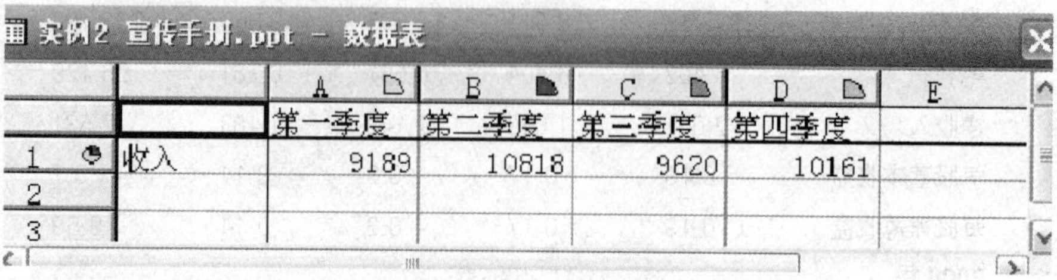

图4.22 "2005年收入图表"的数据表窗口

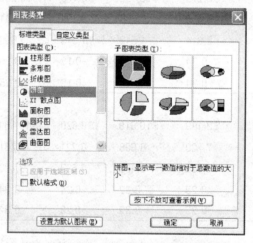

图4.23 "图表类型"对话框

4. 内页2的编辑

在第三张幻灯片中,编辑如样张"宣传手册内页2"所示的内容,具体的方法与步骤3相同,这里就不再赘述。其中幻灯片中"图表类型"选择"堆积柱形图",在图表的"数据表"中输入如图4.24所示的数据。

5. 内页3的编辑

(1)在第四张幻灯片中,编辑如样张"宣传手册内页3"所示的内容,横排文本框、竖排文本框和表格的编辑与步骤3相同,这里就不再赘述。

(2)"组织结构图"的编辑。在第四张幻灯片中,点击"插入"菜单→"图片"→"组织结构图",插入一个基本的组织结构图,在文本框中输入如图4.25所示的数据。

(3)用鼠标选定"绿景地产"文本框,然后打开"组织结构图"工具栏的"插入形状"列表选项,列表共包括三个选项,分别是"下属"、"同事"和"助手",点击"助手"选项,给"绿

		A	B	C	D	E
		一季度	二季度	三季度	四季度	
1	东部	20.4	27.4	25	20.4	
2	西部	30.6	38.6	34.6	31.6	
3	北部	45.9	49.9	45	43.9	
4	南部	40.5	41	40.6	42	
5						
6						

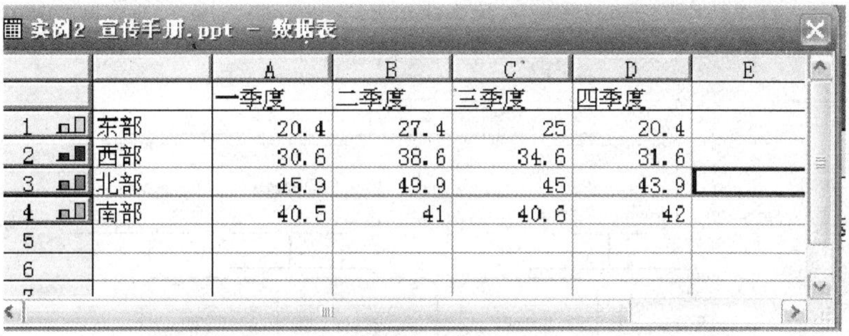

图 4.24　“2005 年市场分布图表”数据表窗口

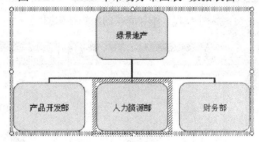

图 4.25　基本组织结构图

景地产”文本框添加助手“董事会”，如图 4.26 所示。再分别给“产品开发部”添加两个下属“设计部”和“生产部”，“人力资源部”添加选两个下属“总部”和“子公司”。

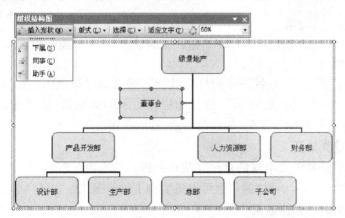

图 4.26　“业务流程模型”组织结构图

(4)按住键盘的 Shift 键，选定所有的文本框，点击文本框右键，选择“设置自选图形格式”选项，打开“自选图形”对话框，如图 4.27 所示，填充颜色，设置成金色。

(5)适当地调整组织结构图的大小和位置，如样张“宣传手册内页 3”所示。

(6)“业务流程模型”的编辑。在第四张幻灯片中，点击“插入”菜单→“图片”→“图示”，打开“图示库”对话框，如图 4.28 所示，选择“循环图”；点击“图示”工具栏的“插入形状”选项，增加一个循环项，如图 4.29 所示，在添加文字处添加文字，如图 4.30 所示，点击“图示”工具栏的“自动套用格式”按钮，选择“原色”图示样式，完成图示的格式化。

(7)适当地调整图示的大小和位置，如样张“宣传手册内页 3”所示。

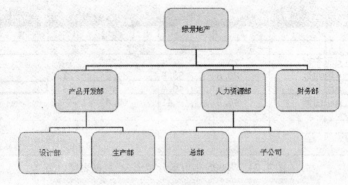

图 4.27 添加底纹的组织结构图

 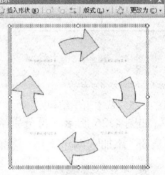 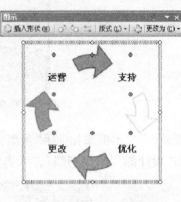

图 4.28 "图示库"对话框　　图 4.29 "图示"工具栏　　图 4.30 格式化的图示

6. 在母版中插入图片

点击"视图"菜单→"母版"→"幻灯片母版",进入到母版视图。在母版视图中,点击"插入"菜单→"图片"→"剪贴画",选择如样张所示的剪贴画,适当地调整剪贴画的大小,将剪贴画放在母版的右下角,如样张所示,然后关闭母版视图。

7. 设置自定义动画

设置每张幻灯片的文本框的自定义动画的进入效果为"飞入",图表、图示、表格的自定义动画效果为"菱形",具体的步骤可参见实例 1 的步骤 13。

8. 设置幻灯片的切换效果

设置每张幻灯片的切换效果为"水平梳理"、慢速,具体的步骤可参见实例 1 的步骤 14。

4.3　实例 3：答谢证书的制作

4.3.1　实例样张

制作如图 4.31 所示的样张。

图 4.31　实例:样张

4.3.2　实例培养目标

(1)会对母版进行设计;
(2)能够插入编辑文本框;
(3)能够插入编辑自选图形;
(4)会设置幻灯片的自定义动画效果;
(5)会设置幻灯片的切换效果。

4.3.3　实例操作步骤

1. 准备工作

(1)打开 PowerPoint 2003,自动创建一个含有一张空幻灯片的演示文稿文件。

(2)选中幻灯片,点击鼠标右键,选择"幻灯片版式"选项,打开"幻灯片版式"列表,在右侧的列表中选择"空白幻灯片"版式。

2. 母版的编辑

(1)在幻灯片中,点击"视图"菜单→"母版"→"幻灯片母版",进入到"幻灯片母版"视图,如图 4.32 所示。

(2)在母版视图中,点击"视图"菜单→"工具栏"→"绘图",打开"绘图"工具栏,如图 4.33 所示;点击"视图"菜单→"工具栏"→"自选图形",打开"自选图形"工具栏,如图 4.34所示。

(3)自选图形 1 的插入编辑。点击"自选图形"工具栏的"基本图形"选项,选择其中的"矩形",在母版幻灯片中画出一个矩形,选定"矩形",点击"绘图"工具栏的"油漆桶"选项,打开"填充颜色"菜单,点击"其他填充颜色",打开"颜色"对话框,如图 4.35 所示,

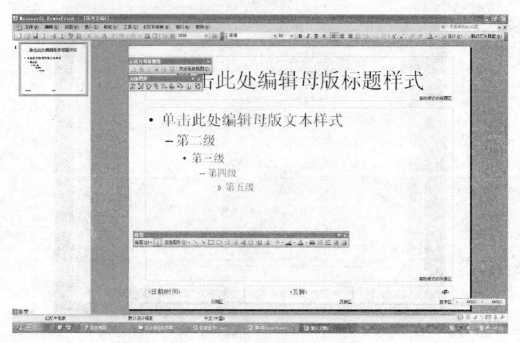

图4.32 母版视图

图4.33 "绘图"工具栏

图4.34 "自选图形"工具栏

图4.35 "颜色"对话框

选择自定义选项卡,添加颜色 RGB(102,51,0),点击"确定"按钮,完成自选图形 1 的填充颜色的设置,然后调整"矩形"的大小和位置,如样张棕色部分所示。

(4) 自选图形 2 的插入编辑。编辑的方法与步骤(3)相同,自选图形 2 的填充颜色设置成自定义的颜色 RGB(178,178,178),然后调整"矩形"的大小和位置,如样张灰色部分所示。最后设置自选图形 2 的边框,双击自选图形 2,打开自选图形的"设置自选图形格式"对话框,如图 4.36 所示,颜色选择"白色","样式"选择"3 磅",然后点击"确定"按钮。

图 4.36 "设置自选图形格式"对话框

(5) 自选图形 3 的插入编辑。插入方法与步骤(3)相同,自选图形 3 的填充颜色设置是首先选定自选图形 3,然后点击"绘图"工具栏的"填充颜色"菜单,选择"填充效果"选项,打开"填充效果"对话框,如图 4.37 所示,选择"双色",颜色 1 选择其他颜色的自定义的 RGB(255,255,255),颜色 2 选择其他颜色的自定义的 RGB(204,255,204),底纹样式选择"斜上"变形中的第四幅图效果,点击"确定"按钮,完成填充效果的设置;给自选图形 3 添加边框:双击自选图形 3,打开"设置自选图形格式"对话框,如图 4.38 所示,在该对话

图 4.37 "填充效果"对话框

图 4.38 "设置自选图形格式"对话框

· 153 ·

框中设置线条颜色为灰色,样式为"4.5 磅"的上粗下细的双线条,单击"确定"按钮完成边框的设置;最后适当地调整自选图形 3 的大小和位置,如样张所示。

(6)点击母版工具栏的"关闭母版视图"选项,关闭母版视图。

3. 文本框的编辑

(1)点击"插入"菜单→"文本框"→"水平",在幻灯片中插入一个文本框 1,在文本框 1 中添加文字"单位名称",给文字的颜色设置成自定义的 RGB(102,51,0)、字号为 14 号、字体为楷体,点击鼠标右键,在"字体"或者"格式工具栏"中设置均可。

(2)在幻灯片中插入一个文本框 2,在文本框 2 中添加文字"答谢证书",给文字的颜色设置成自定义的 RGB(102,51,0)、字号 32 号、楷体。

(3)在幻灯片中插入一个文本框 3,在文本框 3 中添加文字"被授予",给文字的颜色设置成自定义的 RGB(102,51,0)、字号 14 号、楷体。

(4)在幻灯片中插入一个文本框 4,在文本框 4 中添加文字"员工姓名",给文字的颜色设置成自定义的 RGB(102,51,0)、字号 44 号、楷体。

(5)在幻灯片中插入一个文本框 5,在文本框 5 中添加文字"以此表彰其杰出成就和对以下项目做出的持续贡献",给文字的颜色设置成自定义的 RGB(102,51,0)、字号 9 号、楷体。

(6)在幻灯片中插入一个文本框 6,在文本框 6 中添加文字"项目/团队名称",给文字的颜色设置成自定义的 RGB(102,51,0)、字号 18 号、楷体。

(7)在幻灯片中插入一个文本框 7,在文本框 7 中添加文字"颁发日期",给文字的颜色设置成自定义的 RGB(102,51,0)、字号 14 号、楷体。

(8)在幻灯片中插入一个文本框 8,在文本框 8 中添加文字"颁发者姓名和职位",给文字的颜色设置成自定义的 RGB(102,51,0)、字号 10 号、楷体。

(9)适当地调整文本框 1~8 的大小和位置,如样张所示。

4. 插入直线

点击"绘图工具栏"上的"直线"图标,在幻灯片上插入一条直线,选定直线,点击"绘图工具栏"的"线条颜色"按钮,添加自定义 RGB(102,51,0),然后适当地调整直线的位置和长度,如样张所示。

5. 自定义动画的设置

(1)自选图形的自定义动画设置。点击"视图"菜单→"母版"→"幻灯片母版",进入到幻灯片母版视图,在母版视图中点击"幻灯片放映"菜单→"自定义动画",打开右侧的"自定义动画"列表,设置自选图形 1、2、3 的自定义动画的进入效果为盒装,方向向内,速度为慢速,如图 4.39 所示。具体步骤是选择自选图形,然后在"自定义动画"的"进入"列表中选择"盒状",再设置方向为"向内",速度为"慢速"。然后点击母版工具栏的"关闭母版视图"选项,关闭母版视图。

(2)文本框/直线的自定义动画设置。点击"幻灯片放映"菜单→"自定义动画",设置直线/文本框 1~8 的自定义动画效果的进入效果为飞入,方向从"左侧",速度为"中速",如图 4.40 所示。其具体步骤是:选择文本框/直线,然后在"自定义动画"的"进入"列表中选择"飞入",再设置方向为"向左侧",速度为"中速"。

第 4 章　PowerPoint2003 高级办公应用

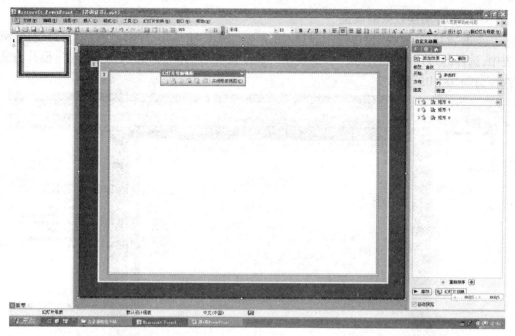

图 4.39　母版视图下自选图形的"自定义动画"窗口

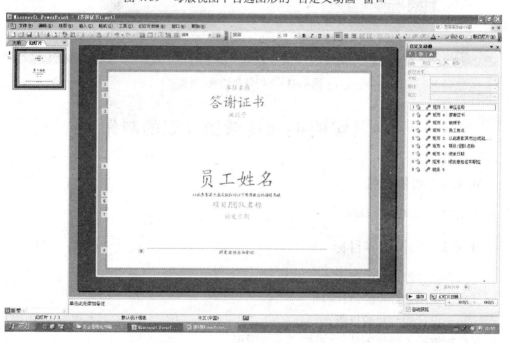

图 4.40　文本框的"自定义动画"窗口

6. 幻灯片切换效果的设置

点击"幻灯片放映"菜单→"幻灯片切换",如图 4.41 所示,在右侧的"幻灯片切换"列表中,选择幻灯片切换的样张"水平梳理",速度选择"慢速",声音选择"鼓掌",换片方式选择每隔"00:05"换片。

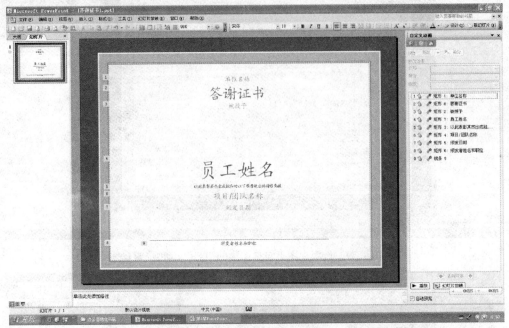

图 4.41 "幻灯片切换"列表

4.4 实例 4:年度营销计划的制作

4.4.1 实例样张

制作如图 4.42 所示样张。

4.4.2 实例培养目标

(1)会设置幻灯片的版式;
(2)会应用幻灯片的设计模板;
(3)会设计幻灯片的母版;
(4)能够插入编辑图片、文本框及自选图形;
(5)会设置动作按钮的动作设置;
(6)会设置动画方案;
(7)会设置幻灯片的自定义动画效果;
(8)会设置幻灯片的页眉和页脚;
(9)会给演示文稿排练计时;

(10) 会给演示文稿录制旁白。

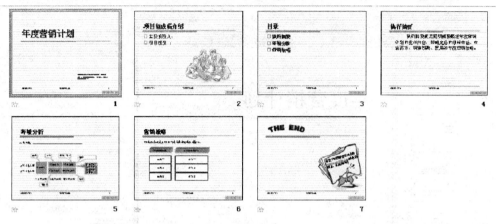

图 4.42　实例:样张

4.4.3　实例操作步骤

1. 准备工作

打开 PowerPoint 2003,自动创建一个含有一张空幻灯片的演示文稿文件,点击"插入"菜单→"新幻灯片",共插入 6 张幻灯片,演示文稿共包括 7 张幻灯片。

2. 设置幻灯片的版式

第 1 张幻灯片的版式设置成"标题幻灯片",第 2、3、4 张幻灯片的版式设置成"标题和文本",第 5、6 张幻灯片的版式设置成"只有标题",第 7 张幻灯片的版式设置成"空白"。具体的方法是:选中某张幻灯片,点击鼠标右键,选择"幻灯片版式"选项,打开幻灯片版式列表,如图 4.43 所示,选择右侧列表中相应的版式即可。

3. 幻灯片的设计模板

给所有的幻灯片添加"Profile"样式的设计模板,选中任意一张幻灯片,点击鼠标右键,选择"幻灯片设计"选项,如图 4.44 所示,在右侧的"幻灯片设计"列表中选择"Profile"样式,如样张所示。

4. 幻灯片的编辑

(1) 幻灯片 1。在"主标题"处输入文字"年度营销计划",在"副标题"处输入文字"相关内容可参照'派力营销思想库'《企划手册》、《促销经理手册》、《分销》、《新销售通路管理》等"。

(2) 幻灯片 2。在"标题"处输入文字"项目组成员介绍",在"文本"处输入"主要负责人:项目成员:",如样张所示。

(3) 幻灯片 3。在"标题"处输入文字"目录",在"文本"处输入"执行摘要、环境分析、营销战略",如样张所示。

(4) 幻灯片 4。在"标题"处输入文字"执行摘要",在"文本"处输入"执行摘要就是简明扼要概述年度营销计划的重点内容,即确定后的目标市场、市场需求、销售预测、费用和年度营销战略",如样张所示。

图 4.43 "幻灯片版式"窗口

图 4.44 "幻灯片设计"窗口

(5) 幻灯片 5。在"标题"处输入文字"环境分析"。

点击"视图"菜单→"工具栏"→"绘图",打开"绘图工具栏",如图 4.45 所示。

图 4.45 "绘图"工具栏

选择工具栏上的"横排文本框"按钮,在幻灯片中插入一个横排文本框,在文本框中输入文字"主要问题",选择工具栏上的"直线"的按钮,插入一条直线,如图 4.46 所示。

选择工具栏中的"横排文本框"按钮,再插入 5 个文本框,如图 4.46 中紫色的文本框所示,输入如图 4.46 所示的文字,选中这 5 个文本框,双击文本框的边框,打开"设置自选图形格式"对话框,选择填充的颜色为紫色,然后点击"确定"按钮。

选择工具栏中"自选图形"列表中的"标注"中的"矩形标注",插入 7 个"矩形标注",输入如图 4.46 所示的文字,选中这 7 个标注,双击标注的边框,打开"设置自选图形格式"的对话框,设置线条颜色为紫色,然后点击"确定"按钮。

选择工具栏中的"横排文本框"按钮,再插入 5 个文本框,输入如图 4.46 所示的文字"产品差异化弱"、"产品差异化强"、"一个供应者"、"少数供应者"和"多数供应者",选中这 5 个文本框,双击文本框的边框,打开"设置自选图形格式"对话框填充颜色设置为"无填充颜色",线条颜色设置为"无线条颜色",然后点击"确定"按钮。

选定标题"环境分析"下方的所有文本框和标注,给其中的文字设置成粗体、18 号字。

图 4.46 幻灯片 5

(6)幻灯片 6。在"标题"处输入文字"营销战略"。

点击"视图"菜单→"工具栏"→"绘图",打开"绘图工具栏",如图 4.45 所示。

选择工具栏上的"横排文本框"按钮,在幻灯片中插入一个横排文本框,在文本框中输入文字"XX战略应该成为XX公司的长期营销战略的核心。"

选择工具栏中的"横排文本框"按钮,插入2个文本框,如图4.47中紫色的文本框所示,输入如图4.47所示的文字,选中这2个文本框,选择"绘图工具栏"上的"三维效果样式"中的"三维样式1",再双击文本框的边框,打开"设置自选图形格式"对话框,选择填充的颜色为紫色,然后点击"确定"按钮。

选择工具栏中的"横排文本框"按钮,插入6个文本框,如图4.47所示,输入如图所示的文字,选中这6个文本框,选择"绘图工具栏"上的"阴影样式"中的"阴影样式2"。

选定标题"营销战略"下方的所有文本框,给文本框中的文字设置成粗体、18号字。

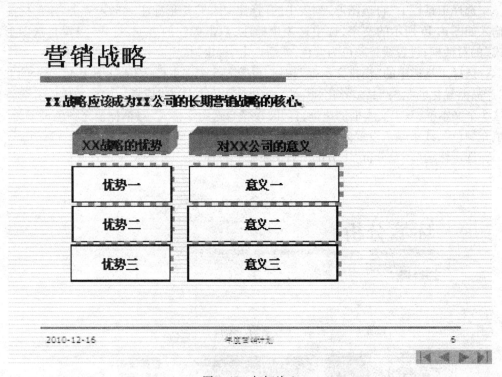

图4.47 幻灯片6

(7)幻灯片7。点击"绘图工具栏"中的"艺术字"按钮,弹出"艺术字库"对话框,如图4.48所示,选择第一行第三列的艺术字样式,点击"确定"按钮,打开"编辑艺术字文字"对话框如图4.49所示。在对话框中输入文字"THE END",字体为"Arial Black",字号为"28",单击"确定"按钮。

图 4.48 "艺术字库"对话框

图 4.49 "编辑'艺术字'文字"对话框

点击"绘图工具栏"中的"图片",插入一幅图片,如图 4.50 所示。

点击"绘图工具栏"中的"横排文本框",插入一个文本框,在文本框中输入文字"有任何问题请登录派力网站 www.teampilot.com 或电话联系:01065887818";双击文本框的边框,打开"设置自选图形格式"对话框,填充的颜色设置为"无填充颜色",线条颜色为"无线条颜色",然后点击"确定"按钮;选定文本框,在"绘图工具栏"中选择"绘图"中的"旋转与翻转"的"自动旋转"选项,旋转文本框的一定角度,如图 4.50 所示,再将文本框移动到图片的上方。

图 4.50 幻灯片 7

5. 在母版中插入动作按钮

(1)点击"视图"菜单→"母版"→"幻灯片母版"。

(2)在幻灯片母版视图中,选择第一张母版,点击"幻灯片放映"菜单→"动作按钮",选择"后退或前一项"按钮,在幻灯片中插入该按钮,再分别选择"前进或后一项"、"开始"和"结束"按钮,插入这三个按钮,将四个按钮适当地调整大小和位置,如样张所示。

(3)选定"开始"按钮,选中按钮,单击鼠标右键,选择"动作设置"选项,打开"动作设置"对话框,如图4.51所示,选择"鼠标移过"选项卡,在"播放声音"前面画钩,选择播放的声音为"单击",然后单击"确定"按钮。再用同样的方法设置"结束"按钮。在鼠标移过时播放的声音为"单击","前进"和"后退"按钮在鼠标移过时播放的声音为"风铃"。

图4.51 "动作设置"对话框

(4)将第一张母版中的四个按钮复制到第二张母版中,然后关闭母版视图。

6. 设置所有幻灯片的动画方案

点击"幻灯片放映"菜单→"动画方案",打开动画方案列表,如图4.52所示,选择右侧列表中的"展开"方案,然后点击"应用于所有幻灯片"按钮,完成"动画方案"的设置。

7. 幻灯片6的自定义动画设置

除标题"环境分析"外,所有的文本框、标注、直线的自定义动画的效果均设置成"飞入"、速度为"中速"。具体的方法是:选择一个对象(文本框/标注/直线),然后点击"自定义放映"菜单→"自定义动画",打开"自定义动画"列表,如图4.53所示,在列表中选择进入的方式为"飞入",速度为"中速"。

8. 幻灯片7的自定义动画设置

除标题"营销战略"外,所有的文本框的自定义动画的进入效果均设置成"盒状",方法同上。

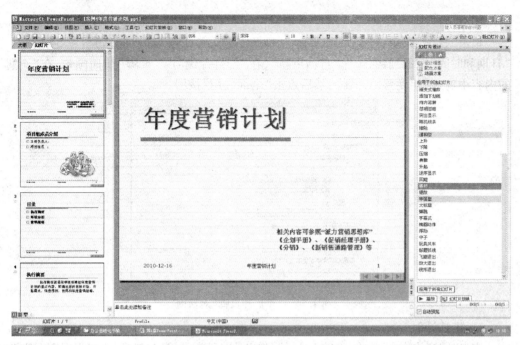

图 4.52 "动画方案"列表

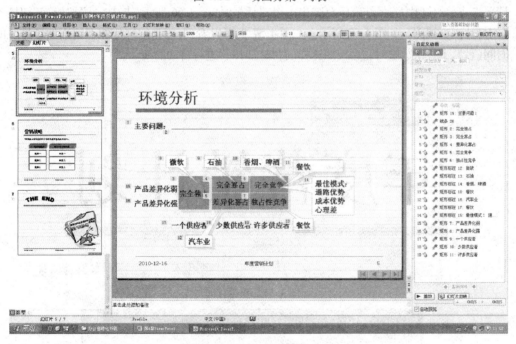

图 4.53 "自定义动画"列表

9. 幻灯片 8 的自定义动画设置

将艺术字的自定义动画的进入效果设置成"中心旋转",图片的进入效果设置成"菱形",文本框的进入效果设置成"颜色打印机"。

10. 页眉页脚的设置

单击"视图"菜单→"页眉和页脚",打开"页眉和页脚"对话框,如图 4.54 所示,在"日期和时间"前面画钩,选择"自动更新",在"幻灯片编号""页脚"前面画钩,在"页脚"的内容中输入"年度营销计划",然后点击"全部应用"按钮。

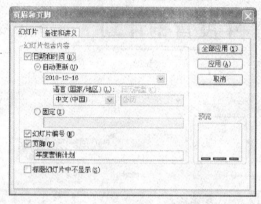

图 4.54 "页眉和页脚"对话框

11. 排练计时

点击"幻灯片放映"菜单→"排练计时",弹出计时秒表,如图 4.55 所示,可根据个人的排练情况来演示幻灯片,演示结束后会弹出一个对话框,如图 4.56 所示,点击"是"按钮,就切换到"幻灯片浏览视图",如图 4.57 所示。在图 4.57 中可以看到,每张幻灯片的下面添加了排练的时间(秒),下一次放映时就会按照这样的"排练时间"进行自动的演示。

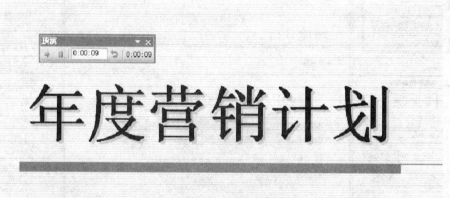

图 4.55 排练计时

图 4.56 "是否保留幻灯片的排练时间"对话框

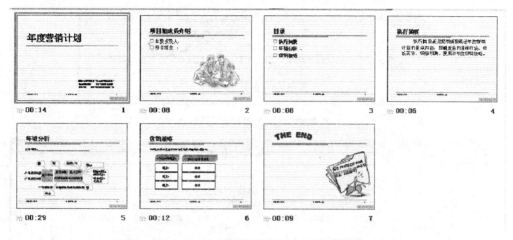

图 4.57　幻灯片浏览视图中的排练时间

12. 录制旁白

(1)在计算机上插上"麦克风",并调试成功。

(2)点击"幻灯片放映"菜单→"录制旁白",打开"录制旁白"对话框,如图 4.58 所示。如果"麦克风"未调试成功,可以点击"设置话筒级别"、"更改质量"来调整话筒,如果已调试成功,在"链接旁白"前面画钩,并点击"浏览"按钮,选择旁白文件(WAV 文件)的保存及链接路径,一般和演示文稿文件保存在同一目录下,然后点击"确定"按钮,开始进行旁白的录制,一边演示文稿,一边录制旁白,录制结束后,会弹出"是否保存旁白"对话框,如图 4.59 所示,在保存旁白的同时排练时间也发生改变,同时保存新的排练时间。

(3)旁白录制完成,在链接目录中自动生成了 7 个旁白文件(每张幻灯片一个旁白文件),如图 4.60 所示,在下次放映时就会自动地播放录制的这些旁白。

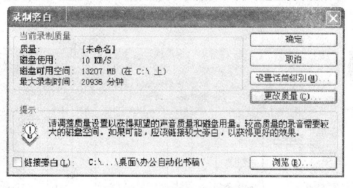

图 4.58　"录制旁白"对话框

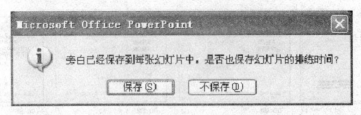

图 4.59 "是否保存旁白"对话框

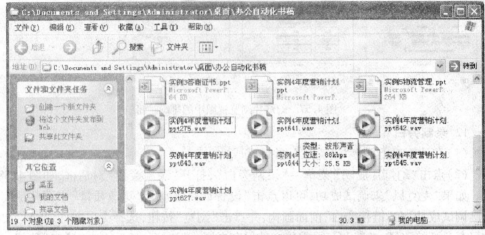

图 4.60 保存旁白文件的目录

4.5 实例 5:年度日程表的制作

4.5.1 实例样张

制作如图 4.61 所示的样张。

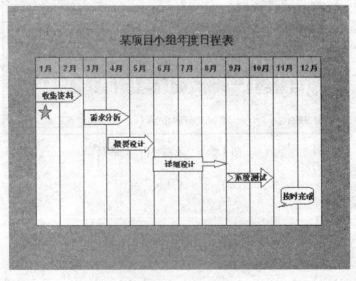

图 4.61 实例:样张

4.5.2 实例培养目标

(1)会设置幻灯片的版式；
(2)会设置幻灯片的背景；
(3)会插入和编辑表格；
(4)会插入和编辑自选图形；
(5)会设置自定义动画的效果；
(6)会设置幻灯片的切换效果；
(7)会设置幻灯片的自动放映效果。

4.5.3 实例操作步骤

1. 准备工作

打开 PowerPoint 2003,自动创建一张幻灯片的演示文稿文件。

2. 设置背景颜色

在幻灯片中,选中幻灯片,单击鼠标右键,选择"背景"选项,打开"背景"对话框,如图 4.62 所示,打开背景填充列表(小箭头),选择其他颜色,打开如图 4.63 所示的"颜色"对话框,选择"自定义"选项卡,设置颜色模式 RGB 为(0,128,128),点击"确定"按钮,然后点击"背景"对话框中的"应用"按钮,给幻灯片添加背景颜色。

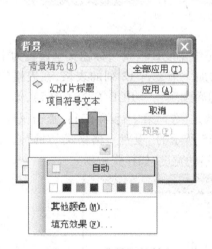

图 4.62 "背景"对话框　　　　图 4.63 "颜色"对话框

3. 设置幻灯片的版式

选中幻灯片,点击鼠标右键,选择"幻灯片设计"选项,打开如图 4.64 所示的"幻灯片版式"列表,在右侧的列表中选择"标题和表格"版式。

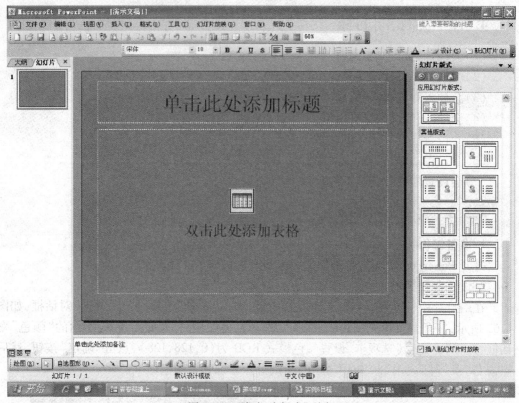

图 4.64 "幻灯片版式"列表

4. 编辑幻灯片

在幻灯片的"标题"中输入文字"某项目小组年度日程表",标题文字设置为宋体、24、粗体,双击标题下侧"双击此处添加表格",添加一个 2 行 12 列的表格,在表格的第一行中输入月份如样张所示,给表格的第一行添加底纹颜色为 RGB(0,183,165),第二行添加底纹颜色为 RGB(255,255,255)。具体的步骤是:选择第一行/第二行,点击鼠标右键,在菜单中选择"边框和填充"选项,打开如图 4.65 所示的"设置表格格式"对话框,选择"填充"选项卡中的填充颜色即可,再适当调整表格的宽度,如样张所示。

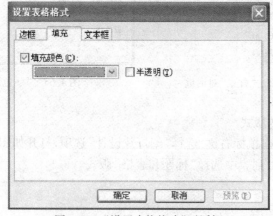

图 4.65 "设置表格格式"对话框

5. 插入和设置自选图形

(1)打开"绘图工具栏"。点击"视图"菜单→"工具栏"→"绘图",打开"绘图"工具栏,如图4.66所示。

图4.66 "绘图"工具栏

(2)插入和编辑箭头。选择"绘图工具栏"中的"自选图形"列表中的"箭头总汇"选项,如图4.67所示,插入如样张所示的5个箭头,点击箭头的右键,选择"添加文字"选项,在5个箭头中分别添加文字"收集资料"、"需求分析"、"概要设计"、"详细设计"和"系统测试",并选择这5个箭头,双击箭头的边框,打开"设置自选图形格式"对话框,如图4.68所示,填充颜色设置为自定义的RGB(252,254,185),然后点击"确定"按钮,最后将箭头中的文字设置成宋体、16、粗体、居中。

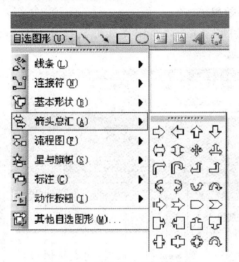

图4.67 自选图形的箭头总汇

(3)插入和编辑标注。选择"绘图工具栏"中的"自选图形"列表中的"标注"选项,插入如样张所示标注,在标注中添加文字"按时完成",将标注的底纹颜色也设置成自定义的RGB(252,254,185),和步骤(2)中设置方法相同,就不再赘述,最后将标注中的文字设置成宋体、16、粗体、居中。

(4)插入和编辑五角星。选择"绘图工具栏"中的"自选图形"列表中的"星与旗帜"选项,插入如样张所示五角星,将五角星的底纹颜色也设置成自定义的RGB(97,143,253),和步骤(2)中设置方法相同,就不再赘述。

(5)将箭头、标注、五角星适当地调整大小和位置,如样张所示。

图 4.68 "设置自选图形格式"对话框

6. 设置自定义动画效果

(1)点击"幻灯片放映"菜单→"自定义动画",打开如图 4.69 所示的"自定义动画"效果列表。

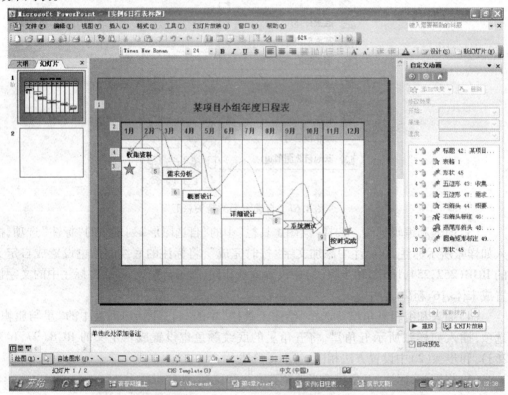

图 4.69 "自定义动画"列表

(2)选定标题,在右侧的自定义动画列表中选择"添加效果"的"进入",在"其他效果"中选择"放大"效果,速度选择"中速"。

· 170 ·

(3)选定表格,在右侧的自定义动画列表中选择"添加效果"的"进入",选择"盒状"效果,"方向"为"向内",速度选择"中速"。

(4)选定自选图形五角星,在右侧的自定义动画列表中选择"添加效果"的"进入",在"其他效果"中选择"螺旋飞入"效果,速度选择"快速"。

(5)选定"收集资料"箭头,在右侧的自定义动画列表中选择"添加效果"的"进入",选择"飞入"效果,方向为"自左侧",速度选择"中速"。

(6)选定"需求分析"箭头,在右侧的自定义动画列表中选择"添加效果"的"进入",选择"棋盘"效果,方向为"跨越",速度选择"中速"。

(7)选定"概要设计"箭头,在右侧的自定义动画列表中选择"添加效果"的"进入",在"其他效果"中选择"扇形展开"效果,速度选择"慢速"。

(8)选定"详细设计"箭头,在右侧的自定义动画列表中选择"添加效果"的"进入",在"其他效果"中选择"回旋"效果,速度选择"中速"。

(9)选定"系统测试"箭头,在右侧的自定义动画列表中选择"添加效果"的"进入",在"其他效果"中选择"滑翔"效果,速度选择"中速"。

(10)选定"按时完成"箭头,在右侧的自定义动画列表中选择"添加效果"的"进入",在"其他效果"中选择"折叠"效果,速度选择"中速"。

(11)选定自选图形五角星,在右侧的自定义动画列表中选择"添加效果"的"动作路径",选择"绘制自定义路径"中的"曲线",自己手动绘制如图4.69所示的路径。

7. 设置幻灯片的切换效果

点击"幻灯片放映"菜单→"幻灯片切换",打开如图4.70所示的"幻灯片切换"列表,

图4.70 "幻灯片切换"列表

在右侧的列表中选择"盒状收缩"效果,在下面的速度选择"慢速",声音选择"风铃",换片方式取消"单击鼠标时"前面的勾,"每个00:00"前面画钩。

8. 设置幻灯片的自动放映效果

打开"自定义动画"列表,如图 4.69 所示,将右侧列表中的 10 个自定义动画效果的"开始"选项设置为"之后"。

4.6 实例 6:地理教学课件的制作

4.6.1 实例样张

制作如图 4.71 所示的样张。

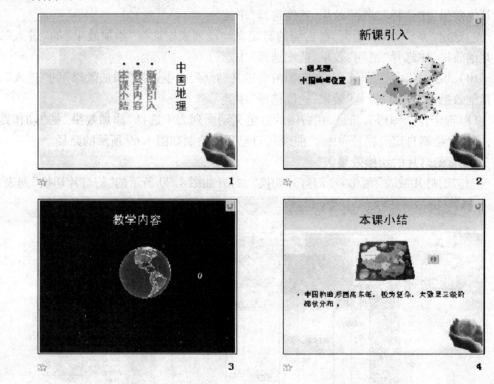

图 4.71 实例:样张

4.6.2 实例培养目标

(1)会设置幻灯片背景图片效果;
(2)会设置幻灯片的版式;
(3)会在幻灯片中插入和编辑图片;
(4)会在幻灯片中插入和编辑按钮;
(5)会在幻灯片中插入和编辑艺术字;

(6)会在幻灯片中插入视频;

(7)会设置自定义动画效果;

(8)会设置幻灯片切换效果;

(9)会设置讲义的页眉页脚;

(10)会以教案的方式打印演示文稿;

(11)将课件打包成 CD。

4.6.3 实例操作步骤

1. 准备工作

打开 PowerPoint 2003,自动生成一个有一张幻灯片的演示文稿文件,点击"插入"菜单,选择"新幻灯片",再插入 3 张幻灯片,演示文稿共包括 4 张幻灯片。

2. 设置幻灯片的背景

选定任意一张幻灯片,点击鼠标右键,在菜单中选择"背景"选项,打开"背景"对话框,如图 4.72 所示,选择列表中的填充效果,打开"填充效果"对话框,如图 4.73 所示,点击"选择图片"按钮,选择要添加的背景图片,然后点击"确定"按钮,再点击"背景"对话框的"全部应用"按钮,演示文稿的所有幻灯片都应用了背景图片。

图 4.72 "背景"对话框　　　　　图 4.73 "填充效果"对话框

3. 设置幻灯片的版式

(1)幻灯片 1 的版式设置。选中幻灯片 1,点击鼠标右键,在打开的菜单中选择"幻灯片版式",打开如图 4.74 所示的"幻灯片版式"列表,在右侧的列表中选择"垂直排列标题与文本"版式。

(2)幻灯片 2 的版式设置。将幻灯片 2 的版式设置成"标题、文本和内容",方法同上。

(3)幻灯片 3 的版式设置。将幻灯片 3 的版式设置成"内容",方法同上。

(4)幻灯片 4 的版式设置。将幻灯片 4 的版式设置成"标题和内容在文本之上",方法同上。

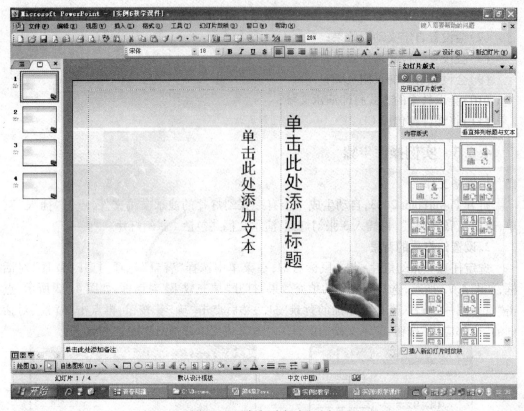

图 4.74 "幻灯片版式"列表

4. 幻灯片的编辑

(1)幻灯片 1 的编辑。在标题和文本处输入如图 4.75 所示的文字。设置文本的超链接,具体的步骤是:选择文字"新课引入",然后点击鼠标右键,在弹出的菜单中选择"超

图 4.75 幻灯片 1

链接"选项,打开如图 4.76 所示的"插入超链接"对话框,选择左侧的"本文档中的位置",选择幻灯片 2 "新课引入"。用同样的方法设置文字"教学内容"链接到幻灯片 3,文字"本课小结"链接到幻灯片 4。

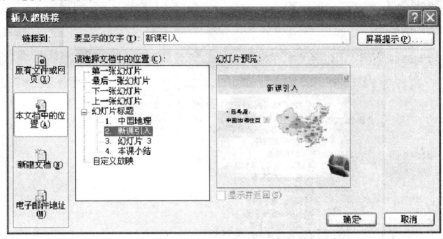

图 4.76 "插入超链接"对话框

(2)幻灯片 2 的编辑。在幻灯片的标题和左侧的文本中输入如图 4.77 所示的文字,再在幻灯片右侧选择"插入图片"按钮,插入如图 4.77 所示的图片。

①插入"帮助"按钮。点击"幻灯片放映"菜单的"动作按钮"选项,选择"帮助"按钮,在图片的左侧插入如图 4.77 所示的按钮;选中按钮,点击鼠标右键,选择"动作设置"选项,打开如图 4.78 所示的"动作设置"对话框,在"单击鼠标"选项卡中选择"链接到"列表中的"其他文件",在弹出的"链接到其他文件"中选择事先编辑好的 Word 文件"课件帮助文件",然后点击"确定"按钮,完成单击"帮助"按钮可以打开一个 Word 文件的操作。

图 4.77 幻灯片 2

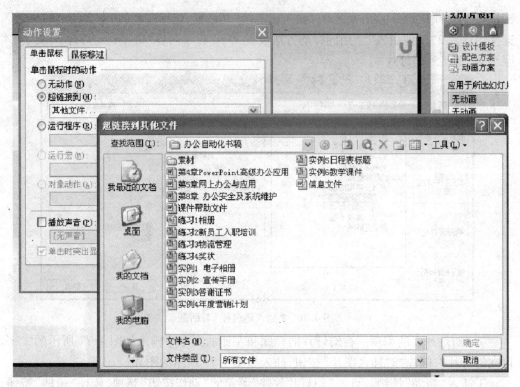

图 4.78 "动作设置"对话框

②插入"上一张"按钮。点击"幻灯片放映"菜单的"动作按钮"选项,选择"上一张"按钮,在幻灯片的右上角插入如图 4.77 所示的按钮。

(3)幻灯片 3 的编辑。

①插入"上一张"按钮。方法同上,不再赘述,如图 4.79 所示。

图 4.79 幻灯片 3

②插入艺术字。点击"插入"菜单中的"图片"中的"艺术字"选项,打开"艺术字库"对话框,如图4.80所示,选择第4行第4列的样式,然后点击"确定"按钮,打开"编辑艺术字文字"对话框,如图4.81所示,在文字中输入"教学内容",然后单击"确定"按钮。

③插入视频文件。点击"插入"菜单→"影片和声音"→"文件中的影片",然后选择相应的视频文件(avi文件),点击"确定"按钮,就完成视频文件插入到幻灯片中的操作,如图4.79所示。

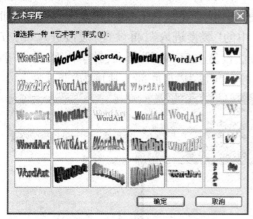

图4.80 "艺术字库"对话框　　　　图4.81 "编辑'艺术字'文字"对话框

(4)幻灯片4的编辑。在幻灯片的标题和下侧的文本中输入如图4.82所示的文字。

①插入图片。在幻灯片的中间位置,点击"插入图片"按钮,选择相应的图片文件,插入图片,如图4.82所示。

图4.82 幻灯片4

②插入"上一张"按钮。方法与步骤2中相同,不再赘述。

③插入"信息"按钮。点击"幻灯片放映"菜单的"动作按钮"选项,选择"信息"按钮,

在图片的右侧插入如图4.82所示的按钮;选中按钮,点击鼠标右键,选择"动作设置"选项,打开如图4.78所示的"动作设置"对话框,在"单击鼠标"选项卡中选择"链接到"列表中的"其他文件",在弹出的"链接到其他文件"中选择事先编辑好的Word文件"信息文件",然后点击"确定"按钮,完成单击"信息"按钮可以打开一个Word文件的操作。

5. 设置自定义动画效果

(1)设置幻灯片1的动画效果。点击"幻灯片放映"菜单→"自定义动画",打开如图4.83所示的"自定义动画"列表,首先选定标题"中国地理",在右侧的列表中选择"添加效果"中的"进入",再选择其中的"其他效果"中的"缓慢进入",再设置"缓慢进入"的方向为"自底部",速度为"非常慢";用同样的方法设置文字"新课引入、教学内容、本课小结"的进入效果也为"缓慢进入","缓慢进入"的方向也为"自底部",速度为"非常慢"。

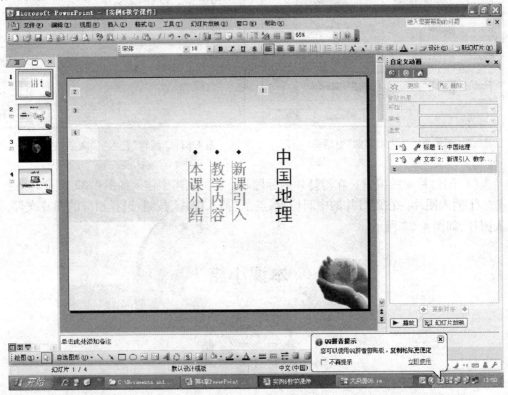

图4.83 幻灯片的自定义动画列表

(2)设置幻灯片2的动画效果。方法同上,设置幻灯片2中的标题、文字的进入效果均设置成"缓慢进入","缓慢进入"的方向也为"自底部",速度为"非常慢";图片、"帮助"按钮、"上一张"按钮的进入效果均设置成"棋盘","棋盘"的方向也为"跨越",速度为"中速"。

(3)设置幻灯片4的动画效果。方法同上,设置幻灯片4中的标题、文字的进入效果均设置成"缓慢进入","缓慢进入"的方向也为"自底部",速度为"非常慢";图片、"信息"按钮、"上一张"按钮的进入效果均设置成"棋盘","棋盘"的方向也为"跨越",速度为"中速"。

6. 设置幻灯片切换效果

点击"幻灯片放映"菜单→"幻灯片切换",打开如图 4.84 所示的"幻灯片切换"列表,在右侧的列表中选择"水平梳理"的切换效果,速度设置为"中速",声音设置为"照相机",换片方式为"单击鼠标时",最后点击"应用于所有幻灯片"按钮,完成幻灯片切换效果的设置。

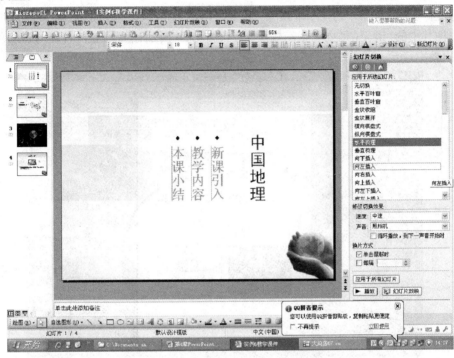

图 4.84 "幻灯片切换"列表

7. 设置讲义的页眉和页脚

点击"视图"菜单中的"页眉和页脚",打开如图 4.85 所示的"页眉和页脚"对话框,选

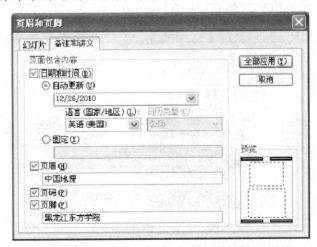

图 4.85 "页眉和页脚"对话框

择"备注和讲义"选项卡,在"日期和时间"、"页眉"、"页码"、"日期"前面均画钩,选择"自定更新"时间,在"页眉"处输入文字"中国地理","页脚"处输入文字"黑龙江东方学院",然后点击"全部应用"按钮,完成页眉页脚的设置,当以教案的方式打印,就可以在打印出如图4.86所示的教案演示文稿。

8. 以教案的方式打印演示文稿

点击"文件"菜单中的"打印预览"选项,打开"打印预览"界面,打开"打印内容"列表,选择其中的"讲义(每页4张幻灯片)",如图4.86所示,然后点击"打印"按钮,就可以打印出教案显示方式的演示文稿。

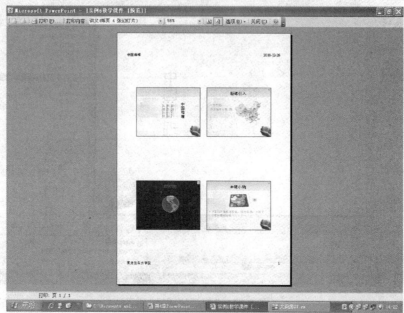

图4.86 打印预览界面

9. 将课件打包成 CD

点击"文件"菜单中的"打包成 CD",打开如图4.87所示的"打包成 CD"对话框,点击

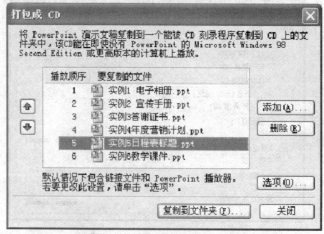

图4.87 "打包成 CD"对话框

"添加文件"按钮,添加要打包的演示文稿文件,然后点击"复制到文件夹"按钮,在如图4.88所示的"复制到文件夹"对话框中选择"光盘 F:",然后点击"确定"按钮,完成演示文稿,打包成 CD 的操作(此操作要求计算机的光驱具有刻录的功能)。

图 4.88 "复制到文件夹"对话框

4.7 知识点巩固与内容扩充

练习1:红酒相册的制作。

要求:

1. 制作如样张所示的演示文稿;
2. 设置每张幻灯片的自定义动画效果,读者可以自行设定;
3. 设置每张幻灯片的幻灯片切换效果,读者可以自行设定;
4. 给演示文稿添加背景音乐;
5. 设置演示文稿的播放方式为自动。

样张如下:

1

2

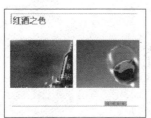

3

4

5

练习2:物流管理演示文稿的制作。
要求:
1. 制作如样张所示的演示文稿;
2. 设置每张幻灯片的动画方案,读者可以自行设定;
3. 设置每张幻灯片的幻灯片切换效果,读者可以自行设定;
4. 设置演示文稿的排练时间;
5. 给演示文稿添加旁白;
6. 将演示文稿打包成 CD。
样张如下:

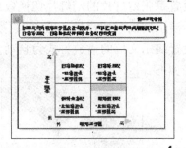

目录

如何搭建自己的物流体系

如何分析改进现有的物流体系

2

如何搭建自己的物流

搭建自己的物流体系，需要经过目标、策略确定、流程控制、资源、实施控制和计划管理多个过程

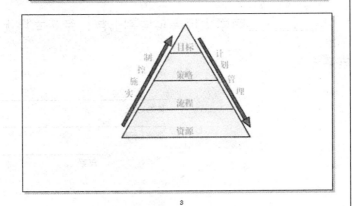

3

物流系统分析

按照流程的战略重要性及发生频率，可以把业务流程分成战略规划型、日常管理型、日常操作型和例外业务型四种类别

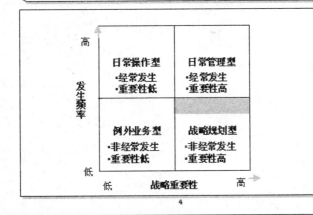

4

练习3：奖状的制作。

要求：

1. 制作如样张所示的演示文稿；
2. 设置幻灯片的自定义动画效果，读者可以自行设定；
3. 设置幻灯片的幻灯片切换效果，读者可以自行设定；
4. 设置演示文稿的播放方式为自动播放。

样张如下：

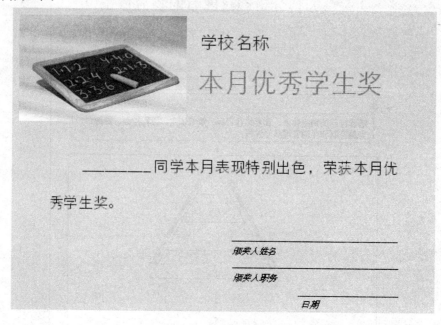

第 5 章 网上办公与应用

随着计算机技术和网络技术的发展和普及,网上办公、网络应用与人们的学习、工作和生活越来越密不可分。网上办公与应用技术是办公自动化技术中的一部分很重要的内容,本章通过 6 个实例分别介绍组建办公网络、文件共享与使用、打印机共享与使用、网络会议软件的使用、WLM 软件的使用、如何架设 FTP 服务器几部分常用的网上办公与应用技术。每个实例都附有图片和详细操作步骤,图文并茂、简单易学。

5.1 实例1:组建办公网络

5.1.1 实例培养目标

(1)会给办公网络布线;
(2)会设置路由器;
(3)会设置计算机。

5.1.2 实例操作步骤

1. 准备工作

所需的硬件设备包括计算机(服务器/客户机)12 台、路由器 1 个、D-Link DES-1016D 以太网交换机 1 个(16 口)、若干网线和水晶头。

2. 布线

(1)如果是光纤接入方式,可以将光纤直接接到路由器 WAN 端口上;如果是 ADSL 接入方式,应选择 ADSL 路由器,将进户线接到 ADSL 路由器 WAN 端口上。
(2)取出网线,网线一端接到路由器 LAN 端口上,另一端接到交换机上。
(3)取出网线,网线的一端接到交换机的端口上,另一端接到计算机(服务器/客户机)的网卡接口上。

办公网络设备的连接如图 5.1 所示。

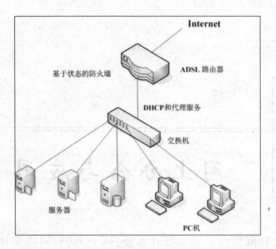

图 5.1　办公网络设备连接图

3. 设置路由器

(1)打开浏览器,输入"http://192.168.1.1",输入用户名和密码。如果读者没改过用户和密码,都是"admin";若改过,则路由器上有个标识为 RESET 的圆孔,拔掉路由器电源,用尖状物按住 RESET 键不松手,再插上电源,等待约 5~10 秒钟松开 RESET 键,即复位成功。

(2)有设置向导就可以按照向导完成;若没有,就在刚打开的网页里的"网络参数"设置接口。

①LAN 口设置。IP 地址:192.168.1.1。子网掩码:255.255.255.0。

②WAN 口设置。接口类型选择"静态 IP"。输入计算机的 IP、子网掩码、网关、DNS 服务器。

4. 设置计算机

(1)设置 IP 地址。双击桌面上的"网上邻居"图标,进入到"网上邻居"窗口,点击右侧的"查看网络连接"选项,可以看到"本地连接"图标,选中"本地连接",单击鼠标右键,选择"属性"选项,双击列表中"Internet 协议(TCP/IP)",如图 5.2 所示,会设置 IP,就自己设吧!(IP 设成 192.168.1.X(X 是 2--255),子网掩码设成 255,255,255,0,网关设成 192.168.1.1)若不会设置,则选择"自动获得 IP 地址",然后单击"确定"按钮。

(2)更改不同的计算机名,设置相同的工作组。选中"我的电脑",单击鼠标右键,选择"属性",打开"系统属性"对话框,选择"计算机名"选项卡,点击"更改",打开"计算机名称更改"对话框,如图 5.3 所示,更改计算机名称和工作组名称,注意每台计算机的名称不一样,可设置成 jsj01、jsj02 等,工作组名称要一致,可都设置成"MSHOME"。

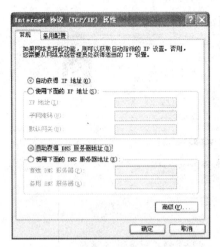
图 5.2 "Internet 协议属性"对话框

图 5.3 "计算机名称更改"对话框

5.2 实例 2:文件共享与使用

5.2.1 实例培养目标

(1) 会设置文件共享;
(2) 会使用共享资源。

5.2.2 实例操作步骤

1. 启动打印和文件共享

在每台机器上运行"设置家庭或小型办公网络"向导。

(1) 首先打开"网上邻居",点击"设置家庭或小型办公网络",如图 5.4 所示。

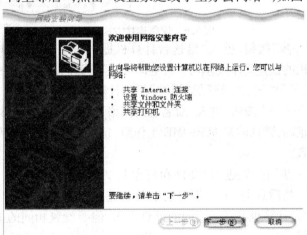
图 5.4 "网络安装向导"界面

(2)点击"下一步"按钮,进入创建网络清单对话框,如图 5.5 所示。

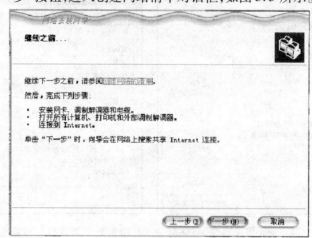

图 5.5　创建网络清单界面

(3)点击"下一步"按钮,进入"选择连接方法"对话框,选择第二个选项,如图 5.6 所示。

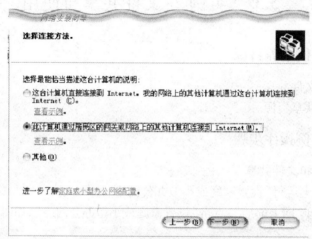

图 5.6　网络连接方法界面

(4)点击"下一步"按钮,进入"给这台计算机提供描述和名称"对话框,如图 5.7 所示。这里对计算机的描述请不要填写,留空即可,但下面的计算机名一定要填写正确(注意:这里的计算机名和"我的电脑"的"属性"里的计算机名要一致)。

(5)然后点"下一步"按钮,进入"命名您的网络"对话框,如图 5.8 所示。这里的工作组也一定要填写正确,默认的是 MSHOME 工作组,这里需要保证与"我的电脑"的"属性"中的工作组名一致。

(6)点击"下一步"按钮,进入"文件和打印共享"对话框,如图 5.9 所示。选择"启用文件和打印共享",然后点击"下一步"按钮,最后完成家庭或小型办公网络的设置工作。特别注意的是,每台计算机要设置不同的计算机名,但要设置相同的工作组,这样才能实现局域网络的访问。

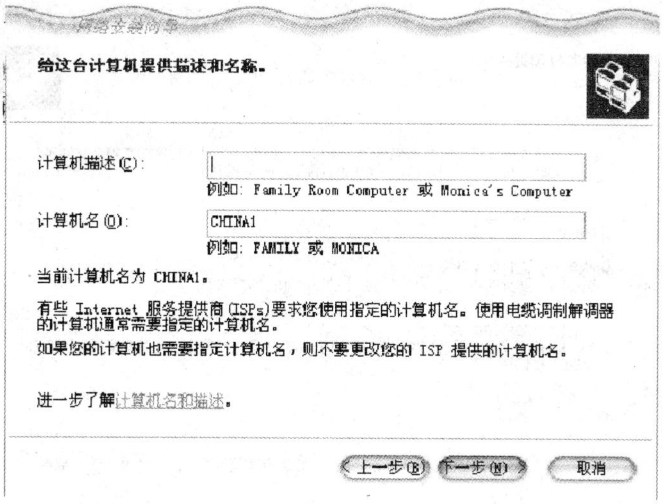

图 5.7　计算机名界面

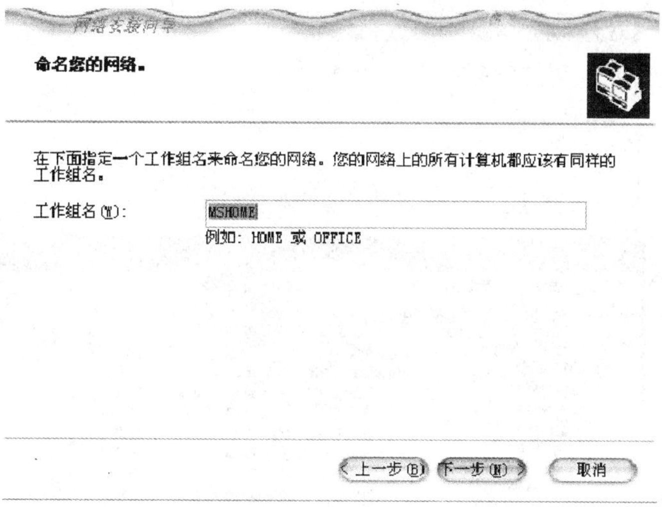

图 5.8　"命名您的网络"界面

2. 防火墙的设置(保证局域网的访问)

关闭网络防火墙或在防火墙的例外中添加"文件和打印共享",网络防火墙能够阻止局域网的共享访问。具体的设置步骤是:在"控制面板"的"本地连接"的"属性"中,如图 5.10 所示,点击"高级"选项卡,在"Windows 防火墙"下面点击"设置",打开"例外"选项卡,把"文件和打印机共享"前画钩,然后按"确定"按钮。

3. 权限与账户设置(保证局域网的访问)

一台计算机要访问另一台计算机是需要权限的。当从计算机 B 访问计算机 A 时,相当于登录到计算机 A。为了方便起见,可以把家里所有的机器全部设成相同的用户名和密码。如果你实在不愿意每次登录机器都设置密码,可以用下面这个方法(使得在空密码的情况下两台机器也能互访)。

(1)在 A 机器上操作:点击"开始"菜单的"运行",在运行中输入"gpedit. msc",然后

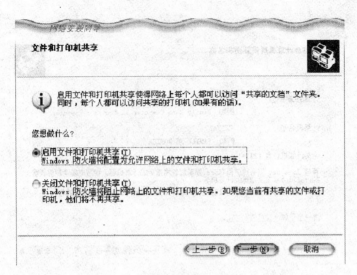

图 5.9 "文件和打印机共享"界面

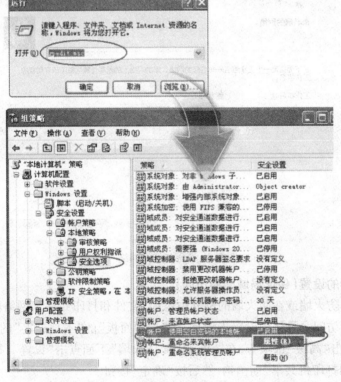

图 5.10 Windows 防火墙设置

按回车键,打开"组策略"窗口,如图 5.11 所示。

(2)在"组策略"窗口的左栏中依次展开"计算机配置"的"Windows 设置"的"安全设置"的"本地策略",点击"安全选项",右边找到"账户:使用空白密码的本地账户只允许进行控制台登录",点击该选项的右键,然后选择"属性"选项,打开"本地安全设置"对话框,如图 5.12 所示。

(3)在"本地安全设置"选项卡上,选中"已禁用"选项,按"确定"按钮,到此步骤即完成账户权限的设置。

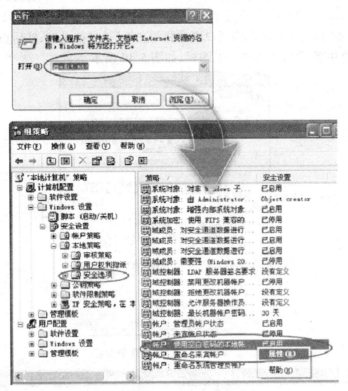

图 5.11 "组策略"对话框

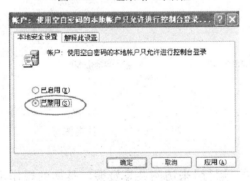

图 5.12 "账户"对话框

4. 设置文件夹或磁盘的共享

点击文件夹或磁盘的右键,选择菜单中的"共享和安全"选项,打开"共享"选项卡,如图 5.13 所示,在"在网络上共享这个文件夹"选项前画钩,如果让对方修改或复制该文件夹中的文件,还需要在"允许网络用户更改我的文件"选项前画钩,然后点击"确定"按钮,完成文件夹的共享,文件夹添加手形图标,如图 5.14 所示。

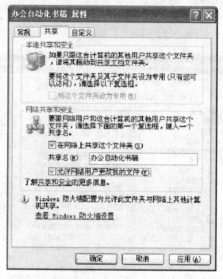

图 5.13 "共享"选项卡

图 5.14 共享文件夹图标

5. 访问共享资源

通过"开始"菜单的"运行"来访问共享资源。具体的操作步骤是:点击"开始"菜单的"运行"选项,在"运行"中输入要访问的计算机的 IP 地址,具体的格式如"\10.0.3.128",注意 IP 地址前面的两个"\"必须添加,否则无法访问,如图 5.15 所示,然后点击"确定"按钮,打开一个窗口,如图 5.16 所示,该窗口显示了共享的文件夹或磁盘,实现了共享资源的访问。

图 5.15 "运行"对话框

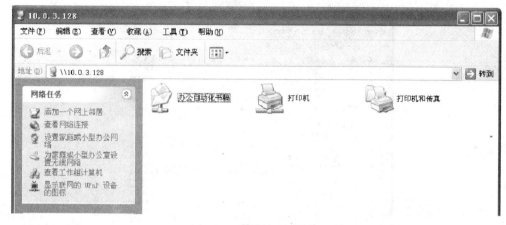

图 5.16 共享资源的窗口

5.3 实例3:打印机共享与使用

5.3.1 实例培养目标

(1)会设置打印机共享;
(2)会使用共享打印机。

5.3.2 实例操作步骤

1. 准备工作

(1)局域网中的每台计算机要启用文件和打印机共享。
(2)更改不同的计算机名,设置相同的工作组。
(3)每台计算机的防火墙关闭或者防火墙的例外中添加"文件和打印机共享"。
(4)每台计算机要设置账户权限。
以上四个准备工作可参考实例2中的相关内容。
(5)打印机要工作正常,需要确保每台机器上的 Printer Spooler 服务处于运行状态。检查这个服务是否处于运行状态步骤如下:打开"开始"菜单的"运行",输入"services.msc",如图 5.17 所示,然后按回车键,打开"服务"窗口。在窗口右侧找到"Print Spooler"

选项，双击打开"Print Spooler 属性"对话框，如图 5.18 所示；确保"启动类型"是"自动"，"服务状态"是"已启动"，如果没有启动，按"启动"按钮。

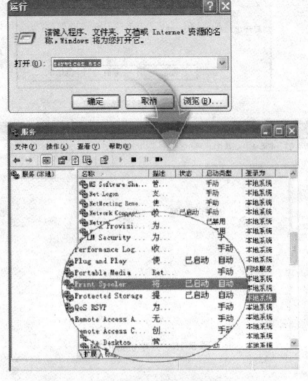

图 5.17 "服务"窗口

图 5.18 "Print Spooler 属性"对话框

2. 在计算机 A 上配置打印机

（1）在"控制面板"中打开"打印机和传真"，在左边的选项或单击鼠标右键选择"添加打印机"，打开"添加打印机向导"，如图5.19所示，点击"下一步"按钮。

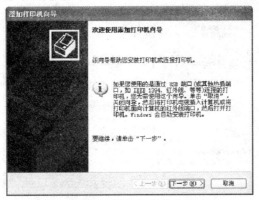

图 5.19　添加打印机向导

（2）选择"连接到此计算机的本地打印机"选项，如图 5.20 所示，然后点击"下一步"按钮。（注意：在图 5.20 中一定不能选择"自动检测并安装即插即用的打印机"这个复选框）

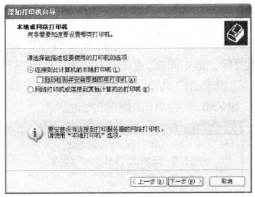

图 5.20　选择打印机类型

（3）如图 5.21 所示，填好资料点击"下一步"按钮。（注意：要给打印服务器设 IP 地址，"端口名"处输入给打印服务器设置的端口名或采用默认值）

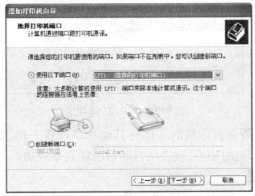

图 5.21　设置打印机端口

(4)如图 5.22 所示,根据实际情况作出选择后点击"下一步"按钮。(注意:在此处选择在打印服务器的相应的端口(上面的步骤中已选择的端口)上连接打印机的厂家和型号)

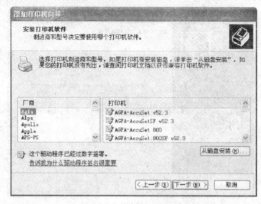

图 5.22　安装打印机软件

(5)填完后点击"下一步"按钮,根据提示正确安装完打印机驱动程序即可。

3. 共享打印机

这一步骤是关键,是关系到"A 计算机"上的打印机能否给"B 计算机"共享使用的问题,希望读者细心注意。

(1)安装好打印驱动程序后,点击"控制面板"→"打印机和传真",在文件夹中会出现已正确安装的打印机图标。选中图标,点击鼠标右键,打开"打印机属性"对话框,如图 5.23 所示。选择"共享"选项卡,在"共享"选项卡中单击"共享这台打印机",在"共享名"中填上需要共享的名称,如 ZSB,然后单击"确定"按钮。

图 5.23　"共享"选项卡

(2)这时应该可以看到打印机的图标与其他共享设置一样,都会在图标上加了一只小手。如果看到了打印机的小手,就说明打印机已经共享成功。

4. 计算机 B 的配置

A 计算机上的工作已经基本完成,下面要对需要共享打印机的 B 计算机进行配置。

(1)计算机 B 的配置与计算机 A 相似,可参考步骤 2,启动"添加打印机向导"以后,点击"下一步"按钮,当向导询问你的计算机与该打印机的连接方式时,选择"网络打印机"选项,如图 5.24 所示,点击"下一步"按钮。

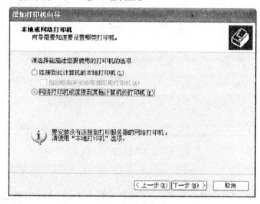

图 5.24　打印机的连接方式

(2)如图 5.25 所示,输入共享打印机 A 的网络路径,这里可以使用访问网络资源的"通用命名规范"(UNC)格式输入共享打印机的网络路径"\jsj01\ZSB"(jsj01 是 A 计算机的用户名,ZSB 是共享的打印机名)。也可以单击"浏览"按钮,在工作组中查找共享打印机,选择已经安装了打印机的计算机(如 jsj01),再选择打印机后点击"确定"按钮,选定打印机的网络路径,点击"下一步"按钮。

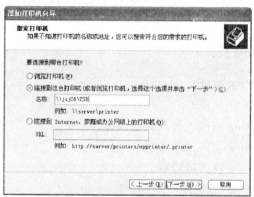

图 5.25　连接共享打印机 A

(3)这时系统将要再次输入打印机名,输入完后,单击"下一步"按钮,接着按"完成"按钮,如果对方设置了密码,这里就要求输入密码。最后在打印机窗口中添加打印机图标,到这里,网络打印机就安装完成了。

5. 共享打印机的使用

在打印时,打开"打印"对话框,如图 5.26 所示,打开其中的"打印机名称"选项,选择刚才所设置的共享打印机的名称即可。

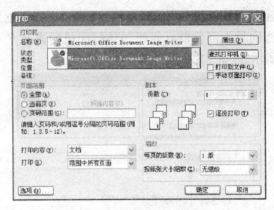

图 5.26 "打印"对话框

5.4 实例 4:网络会议软件的使用(NetMeeting)

Microsoft NetMeeting 为全球用户提供了一种通过 Internet 进行交谈、召开会议、工作以及共享程序的全新方式。NetMeeting 具备以下多种功能:通过 Internet 或 Intranet 向用户发送呼叫;通过 Internet 或 Intranet 与用户交谈;看见呼叫的用户与其他用户共享同一应用程序;在联机会议中使用白板画图检查快速拨号列表,看看哪些朋友已经登录;发送在交谈程序中键入的消息;在自己的 Web 页上创建呼叫链接;向参加会议的每位用户发送文件。

5.4.1 实例培养目标

(1)会安装 NetMeeting 软件;
(2)会设置 NetMeeting 软件;
(3)会使用 NetMeeting 软件进行视频会议;
(4)会使用 NetMeeting 软件共享程序;
(5)会使用 NetMeeting 软件进行聊天;
(6)会使用 NetMeeting 软件进行白板操作;
(7)会使用 NetMeeting 软件传送文件。

5.4.2 实例操作步骤

1. NetMeeting 的下载

打开浏览器,在地址栏中输入 www.baidu.com,进入百度搜索引擎,输入查找关键字"NetMeeting",按回车键后可以得到很多搜索结果,选择其中一个搜索结果,登录到相关的网站进行下载。

2. NetMeeting 的安装

双击桌面上的 NetMeeting.exe 可执行文件,打开 NetMeeting 安装窗口,如图 5.27 所示,点击"是"按钮,打开安装路径窗口,如图 5.28 所示,选择安装的本地路径,单击"确定"按钮,进行软件的安装,如图 5.29 所示,安装完成后,弹出如图 5.30 所示的安装结束对话框,单击"确定"按钮,完成 NetMeeting 的安装操作。

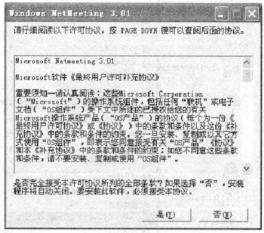

图 5.27　NetMeeting 安装界面

图 5.28　选择安装路径对话框

图 5.29　安装进度对话框

图 5.30　安装结束对话框

3. NetMeeting 设置

(1)打开 NetMeeting。点击"开始"菜单的"程序",选择"NetMeeting"软件,如图 5.31 所示。

(2)打开如图 5.32 所示的对话框,该对话框显示了 NetMeeting 的基本功能,单击"下一步"按钮。

(3)打开如图 5.33 所示的对话框,输入相关的信息,单击"下一步"按钮。

图 5.31　打开 NetMeeting 软件

图 5.32　NetMeeting 的基本功能介绍

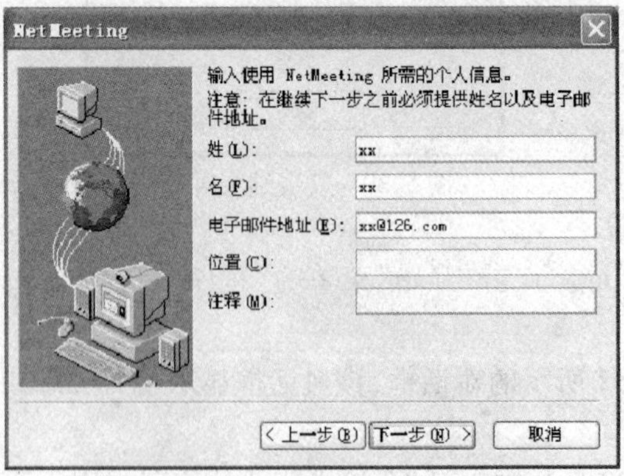

图 5.33　输入个人信息对话框

(4)打开如图 5.34 所示的对话框,在"当 NetMeeting 启动时登录到目录服务器"前画钩,单击"下一步"按钮。

(5)打开如图 5.35 所示的对话框,选择"局域网"连接方式,单击"下一步"按钮。

(6)打开如图 5.36 所示的对话框,在"请在桌面上创建 NetMeeting 的快捷键"前面画钩,在"请在快速启动栏上创建 NetMeeting 的快捷键"前面画钩,单击"下一步"按钮。

图 5.34　NetMeeting 服务器设置对话框

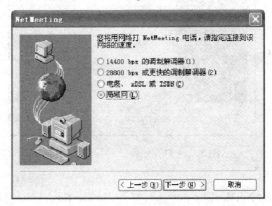

图 5.35　网络连接方式对话框

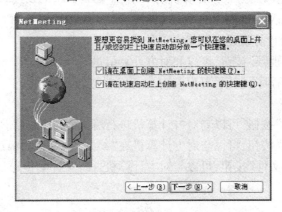

图 5.36　创建快捷方式对话框

(7)打开如图 5.37 和 5.38 所示的对话框,进入音频调节向导,调整声音并测试麦克风是否正常工作,单击"下一步"按钮,完成 NetMeeting 的所有设置。

图 5.37 "音频调节向导 1"对话框

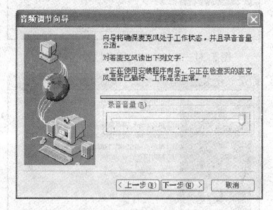

图 5.38 "音频调节向导 2"对话框

4. NetMeeting 使用

(1)点击桌面上的 NetMeeting 的图标,打开 NetMeeting,界面窗口如图 5.39 所示。

(2)在地址栏处输入另一台计算机的 IP 地址 192.168.1.2 或者计算机名(另一台计算机也必须安装 NetMeeting 并启动该软件),点击右侧的"进行呼叫"按钮,在对方响应后,完成了与另一台计算机建立网络会议的连接。

(3)点击"开始视频"按钮,可以和对方计算机进行视频会议。

(4)点击"共享程序"按钮,可以与对方计算机进行桌面和文件的共享,如图 5.40 所示。

(5)点击"聊天"按钮,可以与对方计算机进行聊天,如图 5.41 所示。

(6)点击"白板"按钮,可以与对方计算机在"绘图"软件中白板通信,如图 5.42 所示。

(7)点击"传送文件"按钮,可以与对方计算机进行文件的传送,如图 5.43 所示。

第 5 章 网上办公与应用

图 5.39 NetMeeting 界面

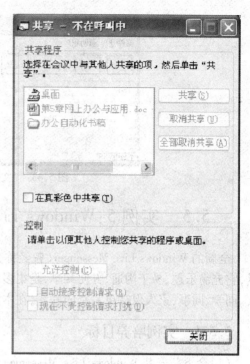

图 5.40 "共享"窗口

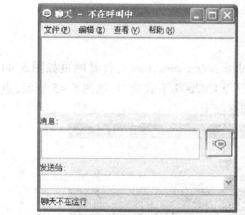

图 5.41 "聊天"窗口

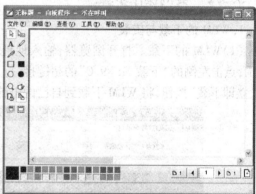

图 5.42 "白板"窗口

图 5.43 "文件传送"窗口

5.5 实例 5：Windows Live Messenger 软件的使用

全新的 Windows Live Messenger（曾经称为 MSN Messenger）已不仅仅只是一种聊天工具，它充满乐趣、易于沟通、方便共享，是集多种特色于一体的社区化即时通信软件，与朋友、同学、同事、家人保持更紧密的联系，在本实例中都称为 WLM。

5.5.1 实例培养目标

（1）会下载安装 Windows Live Messenger 软件；
（2）会使用 Windows Live Messenger 软件。

5.5.2 实例操作步骤

1. WLM 的下载与安装

（1）WLM 的下载。打开浏览器，输入地址 http://cn.msn.com/，打开网页如图 5.44 所示，点击左侧的"下载 MSN9.0"的超链接，打开 WLM2009 下载窗口，如图 5.45 所示，点击"立即下载"按钮，将 WLM 下载到自己的电脑桌面上。

图 5.44 WLM 下载主页

(2) WLM 的安装。双击桌面上的"Install_WLMessenger.exe"文件,打开 WLM 2009 的安装界面,如图 5.46 所示,点击"进入安装"按钮,按照安装向导将 WLM 安装到计算机上。

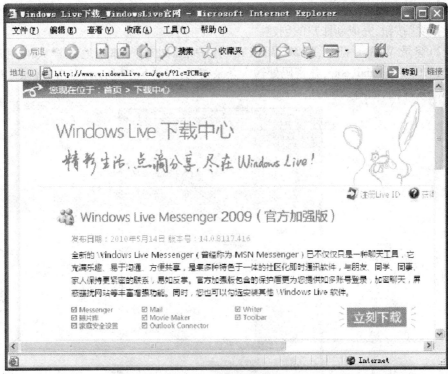

图 5.45 "WLM2009 下载"页面

图 5.46 WLM 安装界面

2. WLM 软件的使用

(1)创建新账户。打开"开始"菜单中"程序"的"Windows Live Messenger"软件,如图5.47所示,点击"注册"按钮,打开如图5.48所示的注册窗口,填写相关注册信息,然后点击"我接受"按钮,完成新账户的创建。

(2)登录 WLM。打开 WLM 界面,在"用户名"处输入邮箱地址样式的用户名如 xjx20020701@hotmial.com,在密码处输入登录密码,如图5.49所示,点击"登录"按钮,登录到 WLM 界面,如图5.50所示。

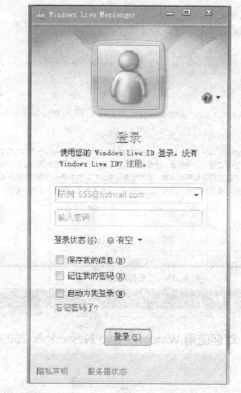

图 5.47　WLM 登录界面

(3)添加联系人。如图5.50所示,点击"添加联系人"链接,打开如图5.52所示的对话框,输入对方的账号、电话和分组类别(可选择常用联系人组),然后点击"下一步"按钮,打开如图5.53所示的对话框,在"显示您的个人信息"处输入想要发送的信息,然后点击"发送邀请"按钮,完成添加联系人的操作。

(4)发送接受消息。登录到 WLM,双击"常用联系人"列表中的联系人图标,打开发送接受消息窗口,如图5.54所示,可以在该窗口中输入发送的消息,然后按回车键发送消息,消息会立即显示在窗口上,对方发送的消息会被自动接收,也显示在窗口上。

第 5 章 网上办公与应用

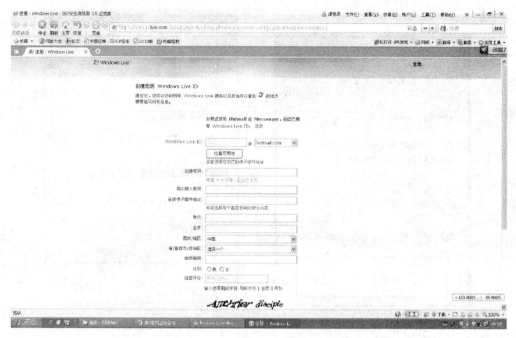

图 5.48　新用户注册页面

图 5.49　WLM 登录信息界面

图 5.50 登录后界面　　　　　　图 5.51 添加联系人界面

图 5.52 输入联系人信息对话框

(5) 发送文件。点击如图 5.54 所示的"文件"菜单,选择"发送一个文件或照片"选项,打开"发送文件"对话框,如图 5.55 所示,选择发送的文件,然后点击"打开"按钮,等待对方的接收,如图 5.55 所示,对方接收后,文件发送成功。

(6) 其他功能。WLM 还具有视频、通话、游戏、活动等功能,如图 5.56 所示,读者可以自行练习使用,这里不再赘述。

图 5.53　输入发送信息对话框

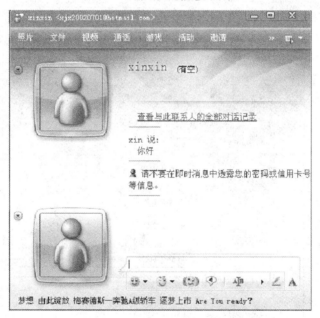

图 5.54　发送接收消息对话框

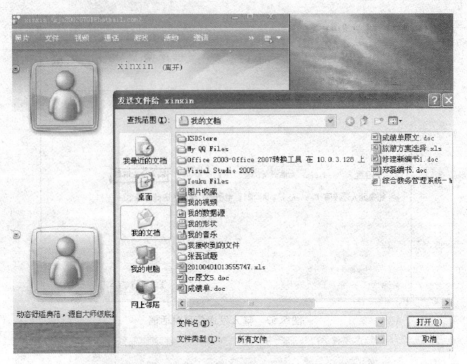

图 5.55 发送文件界面

图 5.56 文件等待接收界面

5.6 实例6:用 Serv-u 架设 FTP 服务器

Serv-u 是一种被广泛使用的 FTP 服务器端软件,它支持 9x/ME/NT/2K 等全 Windows 系列。它设置简单,功能强大,性能稳定。FTP 服务器用户通过它用 FTP 协议能在 Internet 上共享文件,它并不是简单地提供文件的下载,还为用户的系统安全提供了相当全面的保护。

5.6.1 实例培养目标

(1)会用 Serv-u 软件架设 FTP 服务器;
(2)能够访问 FPT 服务器上的文件。

5.6.2 实例操作步骤

(1)下载并安装软件 Serv_u(步骤略)。对 Serv_u 进行基本的设置,主要分为两部分创建域和创建用户(其他的设置和管理这里不做赘述)。详细的设置步骤如图 5.57 ~ 5.62 所示。

(2)软件安装完成后,会打开如图 5.57 所示的界面,向导会询问是否定义域?选择"是",进入到如图 5.58 所示"域向导"界面。

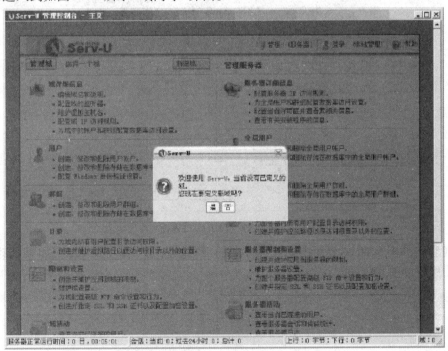

图 5.57 "是否定义域"界面

(3)在如图 5.58 的界面中输入域名和域信息,域名和域信息用户可自行设定,然后点击"下一步"按钮。

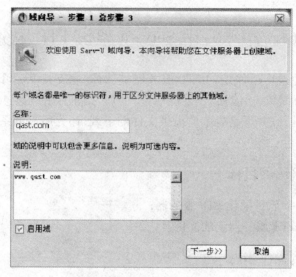

图 5.58 添加域名界面

（4）在如图 5.59 的界面中根据自己的情况开启端口，可以使用默认值，然后单击"下一步"按钮。

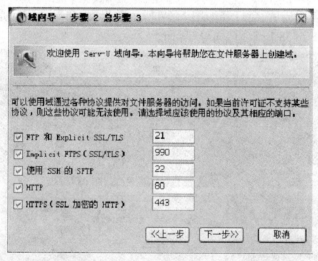

图 5.59 设置端口界面

（5）在如图 5.60 的界面中输入服务器的 IP 地址，如"10.0.3.128"，如果是动态，就不填，然后单击"下一步"按钮。

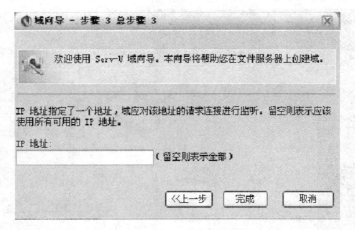

图 5.60　设置 FTP 服务器的 IP 地址

(6)域已经建好,下面再添加一个用户即可。在如图 5.61 界面中点击"创建、修改和删除用户账户"选项。

图 5.61　创建域界面

(7)点击"添加"按钮,填写用户名、密码以及指定根目录和账户权限等信息,这样 FTP 就架设完成了。

(8)对 Serv_u7.X 进行以上的设置后就可以进行使用了,打开浏览器,在地址栏中输入 ftp 地址,也就是架设 ftp 服务器那台计算机的 IP 地址,例如 ftp:\192.168.1.2,输入后按回车键即可登录访问 FTP 服务器上的共享资源。

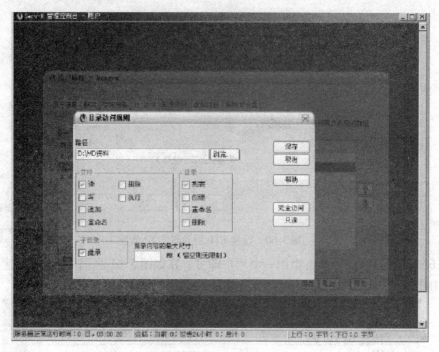

图 5.62 设置账户权限界面

第6章 现代办公设备

6.1 实例1：刻录光盘

6.1.1 安装刻录软件

安装刻录软件是高效刻录的最基本保障。目前，各种刻录软件功能不一，微软的 Windows 也有自带刻录功能，以下就以使用最多的德国的 Nero 为例进行讲解和说明。具体操作步骤如下：

首先打开并且运行完整的 Nero7.0 软件中的 setup 或 setupx。但前提是，计算机上必须安装有刻录光驱。安装了 DVD 刻录光驱的计算机，可以按以下方式进行操作。若安装了康宝光驱，其原理是一样的，只是光盘的容量只能选择 705 MB 以下的 CD 刻录盘而已。点击如图 6.1 所示的"setup"图标，进入安装界面，如图 6.2 所示；进行下一步的安装，如图 6.3 所示；接受条约按"下一步"按钮，如图 6.4 所示；填写用户名，如图 6.5 所示；选择安装类型，如图 6.6 所示；点击"安装"按钮，如图 6.7 所示；开始运行，如图 6.8 所示；选择所需要的一些图片，如图 6.9 所示；再单击"下一步"按钮，如图 6.10 所示；完成安装，如图 6.11 所示。创建快捷方式方法，如图 6.12 所示。

图 6.1 进入界面

图 6.2 安装界面

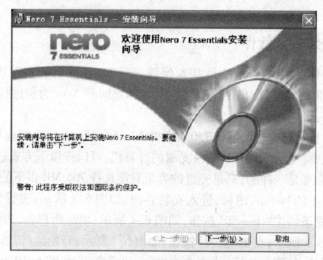

图 6.3 选择"下一步"按钮

第 6 章 现代办公设备

图 6.4 接受协议

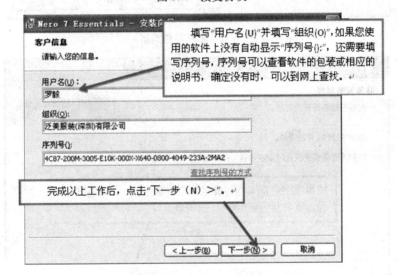

图 6.5 填写用户名

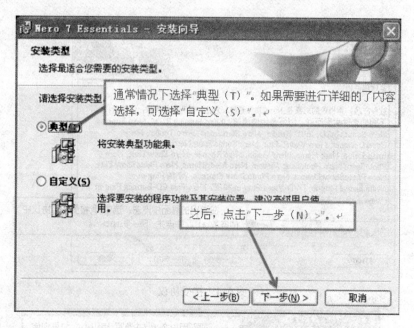

图 6.6 选择安装类型

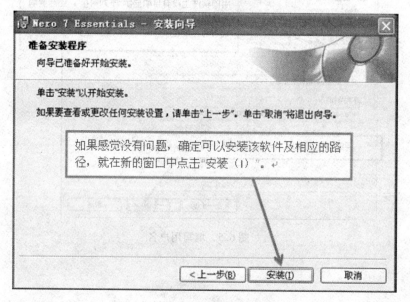

图 6.7 点击"安装"按钮

第 6 章　现代办公设备

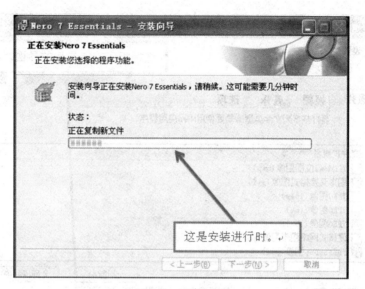

图 6.8　开始运行

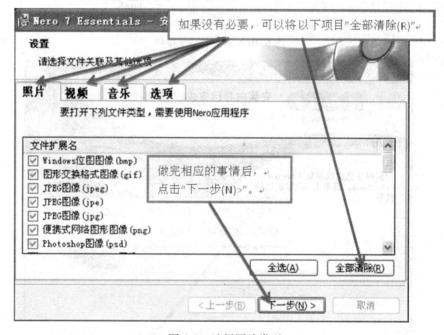

图 6.9　选择图片类型

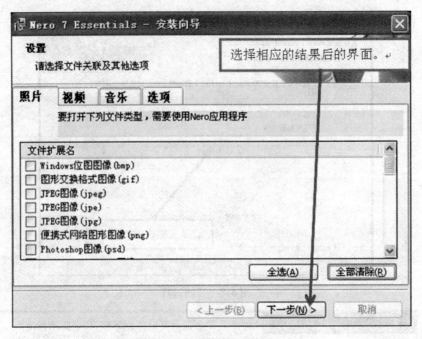

图 6.10　单击下一步按钮

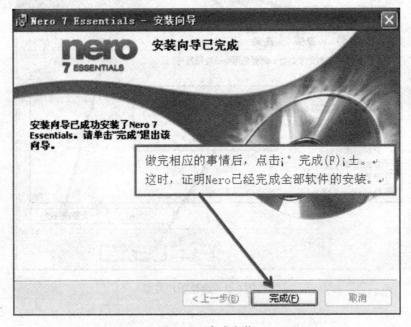

图 6.11　完成安装

第 6 章 现代办公设备

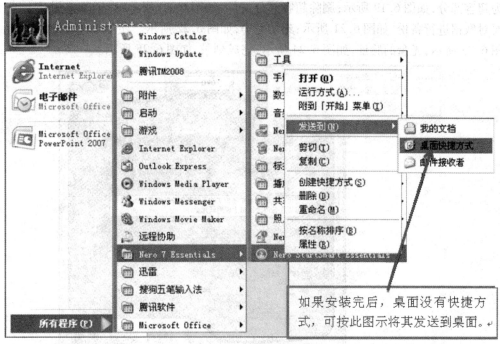

图 6.12 创建快捷方式

6.1.2 刻录文件

双击快捷图标,开始刻录,如图 6.13 所示;制作数据 DVD 专用,如图 6.14 所示;显示可用最大容量,如图 6.15 所示;开始增加刻录文件,如图 6.16 至图 6.18 所示;说明黄色

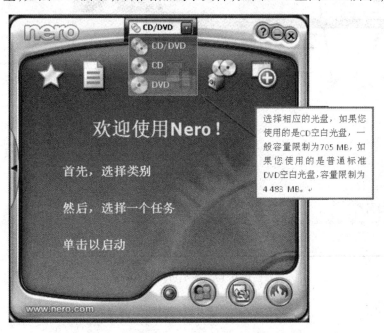

图 6.13 开始刻录

· 221 ·

为超容部分,如图 6.19 所示;删除超容部分文件,如图 6.20 所示;为了防止刻录失败,需要对数据进行备份,如图 6.21 所示;刻录完毕,如图 6.22 所示。还可以选择继续刻录,如图 6.23 所示;光盘的验证,如图 6.24 所示;完成刻录,如图 6.25 所示。

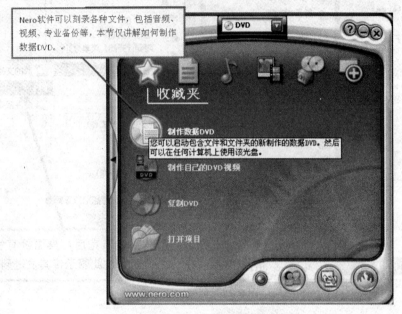

图 6.14　制作数据 DVD

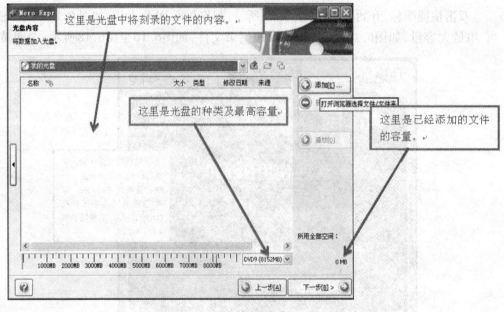

图 6.15　显示可用最大容量

第 6 章 现代办公设备

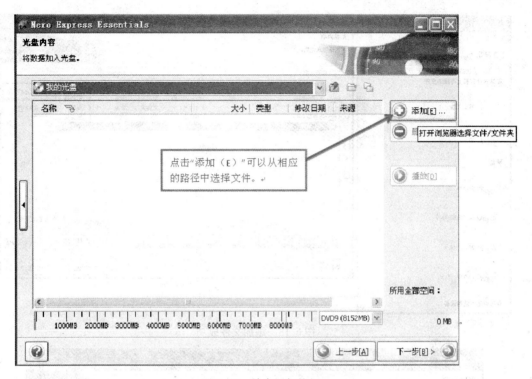

图 6.16 单击添加按钮

图 6.17 选择相应文件

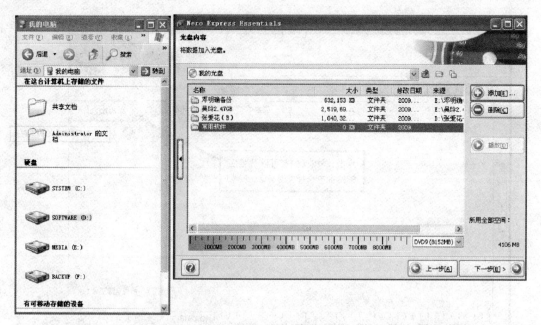

图 6.18　添加文件成功

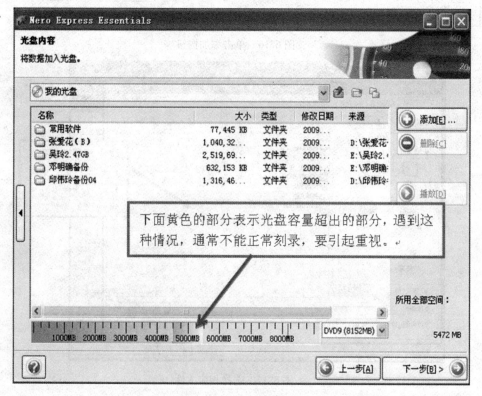

图 6.19　显示超容部分

第 6 章 现代办公设备

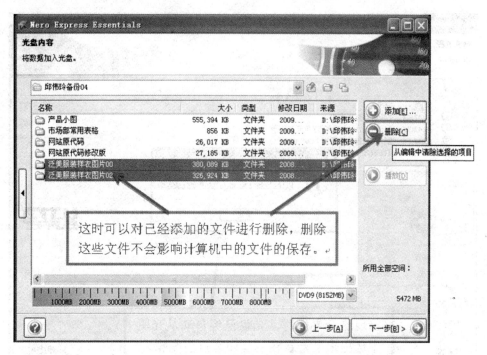

图 6.20 删除超容部分文件

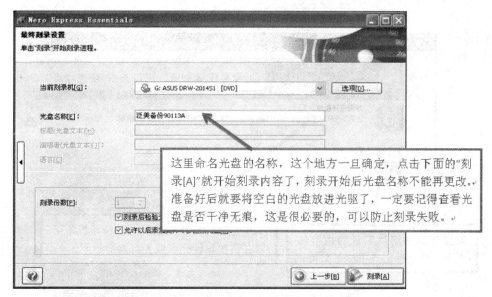

图 6.21 查看光盘好坏

· 225 ·

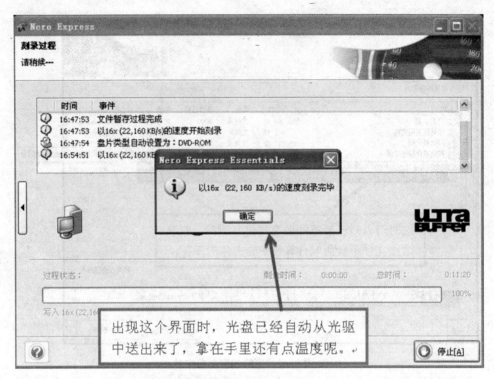

图 6.22　刻录完毕

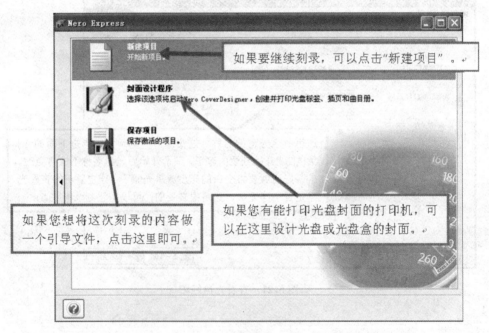

图 6.23　选择是否继续刻录

图 6.24　光盘验证

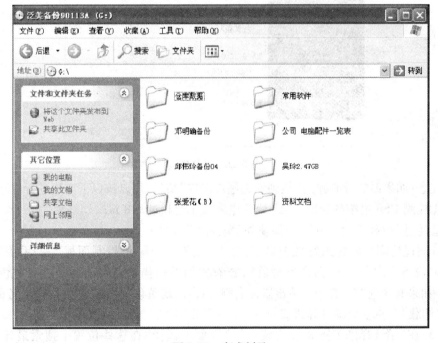

图 6.25　完成刻录

6.2 实例2：扫描仪的安装与使用

6.2.1 扫描仪的安装

1. 准备工作

(1) 启动计算机。

(2) 使用随机提供的光盘驱动，或下载相应的驱动并解压缩。

2. 安装驱动程序

(1) 将扫描仪和计算机通过 USB 线或 SCSI 线相连（指使用 SCSI 接口的扫描仪），并打开扫描仪电源（注：有些型号的扫描仪，没有电源开关，连接电源即可）。

(2) 计算机系统检测到新硬件，弹出"找到新的硬件向导"，选择"从列表或指定位置安装（高级）"，单击"下一步"按钮（图6.26）。

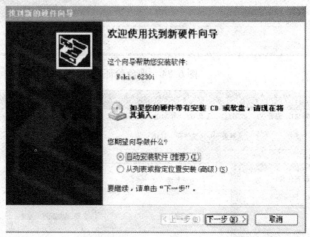

图 6.26 选择安装

注意：如果系统没有弹出"找到新的硬件向导"窗口，可以按以下方法进行检测。

① 检测 USB 电缆的长度，建议 USB 电缆线不要超过 1.8 m；

② 通过"控制版面"中的"添加硬件"来检测新硬件；

③ 通过检测新硬件来发现扫描仪，进入"我的电脑"→"控制面板"→"系统"→"硬件"→"设备管理器"→"图像处理器"，查看使用的扫描仪名称前面是否有黄色"!"或"?"。如果有黄色"!"或"?"，单击鼠标右键，点击出现黄色"!"或"?"的扫描仪名称，然后选择"卸载"。重新启动计算机或通过"控制面板"下的"添加硬件"来检测新硬件。

(3) 在"请选择您的搜索和安装选择"界面中选择"在这些位置上搜索最佳驱动程序"，如图6.27所示。

(4) 如果通过随机提供的驱动程序光盘进行安装，建议选择"搜索可移动媒体（如软盘、CD-ROM…）"，点击"下一步"按钮，开始安装驱动程序，如图6.28所示。

如果通过从爱普生主页下载驱动程序的方式进行安装，建议选择"在搜索中包括这

第6章 现代办公设备

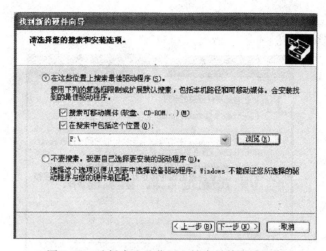

图6.27 选择在这些位置上搜索最佳驱动程序

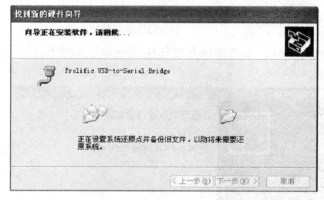

图6.28 开始安装驱动程序

个位置",并且点击"浏览"按钮,弹出如图6.29所示的"浏览文件夹"对话框。选中驱动文件所在的目录,点击"确定"按钮,再点击"下一步"按钮,开始安装驱动程序。

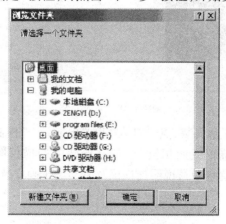

图6.29 浏览文件夹对话框

注意:如果在安装过程中弹出"没有通过 Windows 徽标测试"的提示,如图 6.30 所示,选择"仍然继续"按钮。

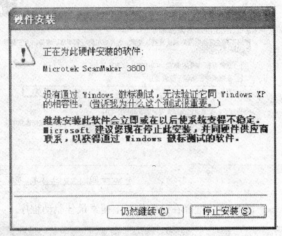

图 6.30　单击仍然继续按钮

(5)安装完成后,弹出"正在完成新建作用域向导",如图 6.31 所示,点击"确定"按钮,完成驱动安装。

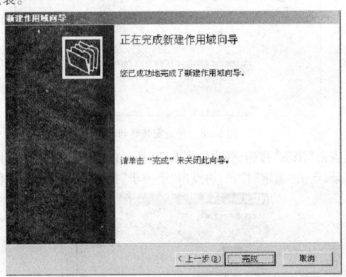

图 6.31　完成安装

(6)检查驱动是否正常安装,点击进入"我的电脑"→"控制面板"→"扫描仪和照相机",在"安装了下列扫描仪或照相机"中选择安装的扫描仪图标,进入"属性"界面,当"扫描仪状态"为"设置就绪"时,说明扫描仪及驱动已正确安装,如图 6.32 所示。

图 6.32　显示测试扫描仪

6.2.2　检测与评价

通常消费者在选购扫描仪产品时,往往只注意说明书上标注的技术指标,但是多少 dpi 扫描分辨率、多少 bit 色彩位数,已经不能完全反映一台扫描仪的质量好坏。下面以中晶科技公司出品的 Microtek 扫描仪为例,提供一些简单的方法,可以对扫描仪的感光元件质量、传动机构、分辨率、灰度级、色彩等性能进行简单、有效地检测,以使消费者区分各类扫描仪。

1. 检测感光元件

扫描一组水平细线(如头发丝或金属丝),然后在 ACDSee 32 中浏览,将比例设置为 100% 观察,如纵向有断线现象,说明感光元件排列不均匀或有坏块。

2. 检测传动机构

扫描一张扫描仪幅面大小的图片,在 ACDSee 32 中浏览,将比例设置为 100% 观察,如横向有撕裂现象或能观察出水平线,说明传动机构有机械故障。

3. 检测分辨率

用扫描仪标称的分辨率(如 300 dpi、600 dpi)扫描彩色照片,然后在 ACDSee 32 中浏览,将比例设置为 100% 观察,不会观察到混杂色块为合格,否则为分辨率不足。

4. 检测灰度级

选择扫描仪标称的灰度级,扫描一张带有灯光的夜景照片,注意观察亮处和暗处之间的层次,灰度级高的扫描仪,对图像细节(特别是暗区)的表现较好。

5. 检测色彩位数

选择扫描仪标称色彩位数,扫描一张色彩丰富的彩照,将显示器的显示模式设置为真彩色,与原稿比较一下,观察色彩是否饱满,有无偏色现象。要注意的是:与原稿完全一致的情况是没有的,显示器有可能产生色偏,以致影响观察,扫描仪的感光系统也会产生一定的色偏。大多数高、中档扫描仪均带有色彩校正软件,但仅有少数低档扫描仪才带有色彩校正软件,请先进行显示器、扫描仪的色彩校准,再进行检测。

6. OCR 文字识别输入检测

扫描一张自带印刷稿,采用黑白二值、标称分辨率进行扫描,300 dpi 的扫描仪能对报纸上的 5 号字作出正确的识别,600 dpi 的扫描仪几乎能认清名片上的 7 号字。

6.2.3 使用和保养

(1)一旦扫描仪通电后,千万不要热插拔 SCSI、EPP 接口的电缆,这样会损坏扫描仪或计算机,当然 USB 接口除外,因为它本身就支持热插拔。

(2)扫描仪在工作时请不要中途切断电源,一般要等到扫描仪的镜组完全归位后,再切断电源,这对扫描仪电路芯片的正常工作是非常有意义的。

(3)由于一些 CCD 的扫描仪可以扫小型立体物品,所以在扫描时应当注意:放置锋利物品时不要随便移动,以免划伤玻璃,包括反射稿上的订书针;放下上盖时不要用力过猛,以免打碎玻璃。

(4)一些扫描仪在设计上并没有完全切断电源的开关,当用户不用时,扫描仪的灯管依然是亮着的,由于扫描仪灯管也是消耗品(可以类比于日光灯,但是持续使用时间要长很多),所以建议用户在不用时切断电源。

(5)扫描仪应该摆放在远离窗户的地方,因为窗户附近的灰尘比较多,而且会受到阳光的直射,会减少塑料部件的使用寿命。

(6)由于扫描仪在工作中会产生静电,从而吸附大量灰尘进入机体影响镜组的工作。因此,不要用容易掉渣儿的织物来覆盖(如绒制品、棉织品等),可以用丝绸或蜡染布等进行覆盖,房间适当的湿度可以避免灰尘对扫描仪的影响。

6.2.4 扫描仪使用的常见问题

(1)打开扫描仪开关时,扫描仪发出异常响声。这是因为有些型号的扫描仪有锁,其目的是为了锁紧镜组,防止运输中震动,因此在打开扫描仪电源开关前应先将锁打开。

(2)扫描仪接电后没有任何反应。有些型号的扫描仪是节能型的,只有在进入扫描界面后灯管才会亮,一旦退出后会自动熄灭。

(3)扫描时显示"没有找到扫描仪"。此现象有可能是由于先开主机后开扫描仪所致,可重新启动计算机或在设备管理中刷新即可。

(4)扫描仪的分辨率与打印机的分辨率是否是一个概念?应该怎样根据扫描仪的分辨率选购打印机?

扫描仪的分辨率的单位严格定义应当是 ppi,而不是 dpi。ppi 是指每英寸的 pixel 数,对于扫描仪来说,每一 pixel 不是 0 或 1 这样简单的描述关系,而是 24 bit、36 bit 或 CMYK(1004)的描述。打印机的分辨率的 dpi 中的 d 是指英文中的 dot,每一个 dot 没有深浅之分,只是 0 或 1 的概念,而对于扫描仪来说,1 个 pixel 需要若干个 4 种 dot(CMYK)来描述,即一点的色彩由不同的 dot 的疏密程度来决定。所以扫描仪的 dpi 与打印机的 dpi 概念不同。用 1 440 dpi 的打印机输出 1∶1 的图像,扫描时用 100~150 dpi 的扫描即可。

(5)扫描仪在扫描时出现"硬盘空间不够或内存不足"的提示。首先,确认硬盘及内存是否够,若空间很大,请检查设定的扫描分辨率是否太大,造成文件数据量过大。

(6)扫描使噪声奇大。拆开机器盖子,找一些缝纫机油滴在卫生纸上将镜组两条轨道上的油垢擦净,再将缝纫机油滴在传动齿轮组及皮带两端的轴承上(注意油量适中),最后适当调整皮带的松紧。

(7)扫描时间过长。检查硬盘剩余容量,将硬盘空间最佳化,先删除无用的 TMP 文档,做 Scandisk,再做 Defrag 或 Speed Disk。注意:如果最终实际扫描分辨率的设定高于扫描仪的光学分辨率,则扫描速度会变慢,这是正常现象。

6.3 实例3:打印机的安装与使用

6.3.1 打印机的安装

(1)打印机一般有两条线:一根是信号线(数据线);一根是电源线。

安装打印机是有讲究的,正确的顺序应该是:先连接打印机电源,接通后,打开打印机电源,此时,可将信号线插入打印机后面,插紧,注意信号线两头都有方向性,但不要将信号线插入到机箱后面的接口上。

(2)将打印机的驱动光盘放进光驱,安装打印机的驱动程序,安装完毕后,一般会提醒"请连接打印机",此时,将打印机信号线再插入到机箱后面的 USB 接口中。绝大多数的打印机都有 USB 接口,插入后,系统会自动检测,检测到即可使用。

(3)如果驱动程序装好后,没有出现提示,不用担心,一般重新启动计算机,然后将信号线插入机箱后面的 USB 口中,系统也会自动检测,最后会报告新硬件可以使用,安装完毕。建议仔细阅读打印机说明书。

(4)需要提醒的是,打印机安装好后在重新开机前,需先打开打印机电源,再开机,才能顺利使用,否则可能出现问题;而关机时相反,先关计算机,再关打印机。其实,所有的外设都应遵循这个道理,如显示器、扫描仪等。

(5)另外,一般新购买的打印机只配一根电源线,没有信号线的,需要自己另外购买。购买时要问清楚,可能也有例外的,例如,佳能打印机就只有一根电源线。

无论是激光打印机还是喷墨打印机,在普通操作者面前总是略显"娇气",在操作过程中,要是稍微不注意,就可能出现这样或那样的故障,这为高效使用打印机带来了不小的麻烦。只要注意一些细节,就能化解打印故障带来的烦恼;此外,适当掌握一些操作也能大大提高打印效率。

6.3.2 打印机的使用

1. 调整后台设置

在使用喷墨打印机的过程中,有时会发现打印机的输出速度明显比以前减慢了很多。在排除打印机本身没有故障的情况下,出现这种速度突然减慢的现象,很有可能是打印机的后台设置被无意修改了。此时不妨在系统的开始菜单中,依次执行"设置"→"打印机"命令,在随后出现的窗口中,选中打印机图标,单击鼠标右键,在打开的快捷菜单中执行

"属性"命令,在打开的属性设置框中,打开"详细资料"标签页面,再在这个页面中的"后台打印设置"设置项处,将"后台执行作业时以加快打印速度"或者"直接输出到打印机"选项选中,即可有效地提高打印速度。

2. 掌握进纸距离

许多人认为给打印机"喂"纸是一件非常简单的事情,其实不然,因为在打印过程中,送纸明显倾斜这一现象经常出现,从而导致最后的打印无效。之所以纸张容易出现倾斜,是因为没有将打印纸张紧靠送纸匣右边,或者送纸匣左边滑动挡板而引起的。要是送纸匣左边的滑动挡板离打印纸太远,那么在进纸时打印纸张就会容易出现向滑动挡板方向弯斜的现象;要是挡板离打印纸张太近,又会对打印纸张挤压的压力过大,这样就会增大打印纸张和挡板之间的摩擦力,从而给走纸带来阻碍。所以给打印机"喂"纸时,一定要控制好打印纸张与纸匣滑动挡板之间的距离大小。

3. 清除阻碍物

正确摆放好打印纸,并执行打印命令后,要是打印机无法进纸,那么多数是打印机的机械传动部分出现了故障,如送纸传感器出现问题,也有可能是打印机内部出现了阻碍物,卡住了传感器的重垂杆。遇到这种故障现象时,一般采取先将打印机的电源关闭掉,然后将喷墨打印机抱起来,倒过来放置,同时轻轻摇晃打印机机身,这样"隐藏"在打印机内部的阻碍物就会被倒出,传感器的重垂杆就能自然下垂,此时打印机无法进纸的现象一般就能得到解决。不过,要是喷墨打印机中墨盒里的墨水用光了,也有可能会引起打印机无法正常进纸。

4. 开机换墨盒

当按照正确的步骤重新为喷墨打印机换上新墨盒后,打印机在控制面板上的墨尽指示灯如果仍然闪烁不停,且不能正常工作,那么这种现象很有可能是由于更换墨盒不当引起的。许多操作者在为打印机换新墨盒时,始终觉得在打印机断电状态下,进行更换操作似乎更安全一些,其实在断电状态下为打印机换上新墨盒,是不会被喷墨打印机控制系统认可的,因此换上的新墨盒对打印机来说,其实还是那个"旧墨盒"。此时,要想让打印机继续正常工作,只有先将打印机接通电源,然后按照步骤重新进行安装墨盒,这样打印机会自动通过清洗打印头的方式来解决故障。

5. 调整调节杆

在进行连续打印多页纸时,打印机的送纸器可能会一次送入几张或多张打印纸。这一故障很有可能是由喷墨打印机的纸张厚度调节杆的位置调整不正确引起。此时应该根据打印纸张的厚度,重新调整好纸张厚度调节杆的位置,直到取消这种故障为止。

6. 墨水节约用

由于喷打墨水价格不菲,个人用户在使用喷打时,应该时刻注意节约使用墨水。喷墨打印机也特意为普通用户提供了两种打印模式:一种是经济模式。这种模式以降低打印质量为代价来节约墨水。另一种是标准模式。这种模式可以确保打印效果。若没有特殊要求,笔者建议读者尽量使用经济模式来打印材料。喷打可以自定义一种节约墨水的打印模式:在"打印机属性"窗口中,打开"主要"标签页面,从中选择"标准"模式,再单击"高级"按钮,在随后出现的对话框中,可以根据使用的墨盒型号、介质类型来调整色彩平衡、亮度等参数,也可以直接拖动图中的滑块来降低色彩打印浓度,以便达到节约墨水的目的。当然,同一设置对于不同型号的墨盒和打印纸张来说,输出效果也会有所差异,因此在更换墨盒或者使用不同打印纸时,尽量再做些细微调整,以确保达到理想的使用效果。

7. 及时维修

倘若喷墨打印机在工作时始终不出墨,即使用打印机随机附带的程序来清洗打印头也无效,这种现象很有可能是喷打的喷头或者喷孔被堵塞,当然也不能排除打印电缆线甚至打印机内部电路板出现问题。要是打印喷头或者喷孔出现故障,通过随机的清洁程序也无法让其正式工作,笔者建议读者最好不要自己动手随意对其拆卸维修,否则打印机的喷打效果将会受到严重影响,正确的做法就是及时将喷墨打印机送到当地的技术维修中心请专业技术人员修理。

8. 定期加油润滑

在打印过程中,若发现墨盒架上的墨盒不能很自由地滑动,那么说明支撑墨盒架的滑杆上可能积聚了太多的灰尘,从而给墨盒的光滑移动带来了很大的阻力,引起墨盒移动时受阻不能正确回位。此时可以使用软布将支撑墨盒架的滑杆上的灰尘擦除干净,再在滑杆上滴几滴润滑油,同时确保润滑油可以被均匀涂抹,这样就能很好地改善打印效果。

9. 指定合适字体

在进行打印时,喷墨打印机会从字库中调用和文档中的字体相符合的字体,而调用的速度直接决定了打印速度的快慢。对于打印字库中包含的字体,喷墨打印机能直接从打印机内核中快速调出来,要是打印文档中没有打印字库包含的字体时,喷墨打印机就需要从计算机系统字库中间接调用字体,当然这种调用方式可能会影响打印速度,所以,为了提高打印速度,应尽可能地将文档的字体设置成打印字库中包含的字体。在设置 TrueType 字体选项时,读者首先应单击"用设备字体替换",这样能使用等价的 PostScript 字体来打印支持 TrueType 字体的文档。通过这种设置方法一般可以有效地改善打印速度,但可能会丢失一些 PostScript 字体不支持的特殊字符。

10. 缩短信号线

有些操作者为了方便计算机与喷墨打印机的连接,常常会挑选一段物理距离很长的打印信号线,若使用的打印信号线缆越长,打印内容在打印信号线上的传输速度受影响就越大,因为打印信号在较长的传输距离中会不断衰减。

11. 用好打印纸

有人认为使用打印纸是一件很简单的事情,其实设置好打印纸张也会对提高打印效果有帮助,因为打印机在输出不同规格尺寸的打印纸时,速度会不一样。读者在设置打印纸张时,应该先尝试使用"普通纸张"选项。读者可以使用特殊涂层的喷墨专用打印纸,也可以使用普通的影印打印纸。尽量不要使用较窄的打印纸张,这是因为这些尺寸太小的打印纸张可能滑入或送入打印机的纸张处理设备中。另外,读者应尽量少使用比较厚的打印纸或者纹理较深的打印纸张,这是因为这些纸张非常容易扩散墨水。特别需要注意的是,尽量在进纸槽中入装一些纸张,以免纸张出现堵塞或者卡纸,从而影响喷墨打印机的速度。

12. 型号设置要正确

许多操作者在安装打印机驱动程序时,由于暂时没有打印机的原装驱动程序,所以常常为了图省事,去选择和计算机实际连接的打印机的类似产品或者型号,来作为系统当前缺省的打印机,尽管该替代安装方法也可以正常使用打印机,但由于打印驱动程序上的细微差别,就可能影响打印机的使用性能,或许打印机的某些功能还不能使用呢!所以为了能让喷墨打印机处于最佳的工作状态,应该重新检查当前系统安装好的打印机型号是否与实际的打印机型号相符合。

13. 关闭假脱机方式

打印机在默认状态下将以假脱机方式来打印,这种打印方式是一个独立的程序,主要在后台运行控制打印,这样,操作者就能在打印的同时继续操作其他工作任务。现在许多操作者都喜欢让打印机通过这种方式来工作,因为他们能在打印时继续做其他工作;不过这种工作方式是以牺牲打印速度为代价,要想获得比较高的打印速度,笔者建议读者尽量关闭假脱机方式,这样系统才会将全部资源用于打印。要关闭假脱机打印方式,可以先打开控制面板窗口,用鼠标双击其中的打印机图标,在随后打开的窗口中,选中打印机图标,单击鼠标右键,再从快捷菜单中执行属性命令,接着选择详细资料标签,在对应的标签页面中点击后台打印设置,再选中"直接打印机输出"选项,即可关闭假脱机方式。

6.4 实例4:投影仪的安装与使用

6.4.1 投影仪的安装

(1)根据安装方式的不同,投影仪可以分为桌式正投、吊顶正投、桌式背投、吊顶背投等。可随时随地使用的便携式投影仪一般是桌式正投,这种投影方法受环境光影响较大,但如果装修时就设计成吊顶正投方式,不仅在性价比方面更加具有优势,而且显示效果也最为出色。如今,桌面正投投影机颜色搭配十分时尚,可以根据装修设计选择合适的颜色跟其他家电搭配。

(2)安装好投影机之后,组建家庭影院的第一个步骤就是连接投影机,大部分投影机的连线齐全,和电视机、计算机、DVD 的连接可轻松完成。但需要注意的是,某些投影机连接线不全,与计算机连接则需要显卡具备视频输出口,或者通过单配连接线将显卡与投影机连接起来,选购时一定要咨询清楚。至于整个音效系统,组建时只要将投影机与音响、功放或其他多媒体视听设备进行正确连接即可。

(3)投影机的安装还是比较简单,但是一个视听效果俱佳的家庭影院的实现,还必须注意空间和投影环境两方面。由于整个空间的大小直接影响影院的视听效果,放置投影机时一定要距离墙壁或者幕布有 3 m 至 5 m 距离,这样才能达到最佳的显示效果;至于听觉方面,为了能够达到一种逼真的境地,放置投影机的房间最好是长方形,这样在调制音效的和谐方面能起到独特的作用。在投影效果方面,目前大部分投影机的亮度都在 1 200 流明以上,但是还是建议在房间安装窗帘以便挡住室外光线,同时房间的墙壁和地板也尽量不使用反光材料,这样一来可以调低灯泡亮度,延长使用寿命;二来也避免其他细节影响视频效果的逼真度。此外，观看时候不要让坐椅靠近音响设备或者扩音器，这些都会使声音效果变得很差。

6.4.2 投影仪的调整

一般说来，安装好投影机并不意味着可以立即开始欣赏自己中意的电影，为了能够获得更佳的效果，还必须对其进行调整设置。首先是分辨率调整，目前，计算机最常用的分辨率是 1 024×768，如果选择的投影机支持 1 024×768 分辨率，基本就不需要调整，但如果使用的投影机支持最高分辨率为 800×600，而计算机设置的分辨率为 1 024×768，甚至更高，在这种情况下，投影机将自动采用压缩功能显示图像，虽然能够正常看见图像，但是画面的显示质量却大打折扣。因此，要根据投影机所支持的分辨率来设定视频源的分辨率，使之相互吻合来获得最佳效果。

将图像投射到墙壁或者幕布上，可移动投影机来使图像投射到正确位置，同时调整投影机镜头旋钮进行对焦，同时，投影图像要尽量充满整个幕布。如果出现图像呈梯形或者平行四边形，那么还可以借助投影机内置的梯形纠错功能进行调整。

6.4.3 投影仪的使用技巧

开投影机电源之前，需要确认连接投影机电缆正常连接，同时要确保视频源已经正常输出。完成投影连接并开启投影仪后，还需要切换好输出方式。

在不熟悉投影仪的用户眼里，投影仪就像一台普通电视机，想开就开；要关闭时，多半也是直接切断电源。殊不知，这样的操作是使用投影仪的"大忌"，因为投影仪在长时间使用的情况下直接关机会严重影响投影仪灯泡的使用寿命。正确开机顺序：先将投影仪电源按钮打开，再按下投影仪操作面板上的 Lamp 按钮，直到闪烁的绿色信号灯停止闪烁时，开机完成。正确关机顺序：先按下 Lamp 按钮，当屏幕出现是否真的要关机的提示时，再按一下 Lamp 按钮，随后投影仪控制面板上的绿色信号灯开始闪烁，直到投影仪内部散热风扇完全停止转动、绿色信号灯停止闪烁时，再将投影仪关闭，切断电源。此外，在每次开、关机操作之间，最好保证有 3 min 左右的间隔时间，目的是为了让投影仪充分散热。开、关机操作太频繁，容易造成投影仪灯泡炸裂或投影仪内部电器元件被损坏。

投影仪镜头干净与否，将直接影响投影屏幕上内容的清晰程度，遇到屏幕上出现各种圆圈或斑点时，多半是投影镜头上的灰尘"惹"的祸。同时，投影机镜头非常娇贵，在不使用时需要盖好镜头盖。

6.4.4 投影仪的疑难解答

1. 为什么投影机输出图像不稳定，有条纹波动？

这种情况基本上是由于投影机电源信号与信号源电源信号不同所致，只要将投影机与信号源设备电源线插头插在同一电源接线板上即可。

2. 为什么投影出的画面会发生模糊拖尾甚至抖动的现象？

有些用户的计算机和投影机不在一个房间，之间有较大距离，这时延长信号电缆会造成输入投影机的信号发生衰减，造成投影画面模糊拖尾甚至抖动，因此不要一味地将投仪信号线延长,在正常条件下,投影仪信号线长度应该控制在15 m以下,这样投影效果才能得到保证;要是投影仪与计算机距离在15 m以上时,最好在投影仪信号输入端安装信号放大器。

3. 为什么投影机使用了一段时间后没有原来的那么亮了?

现今,一般的投影机都是采用内置灯泡穿透投影方式,金属灯泡寿命为1 000 h左右,卤素灯泡100~200 h左右。金属灯泡寿命较长,但其亮度与使用时间呈线性下滑,使用至120 h左右后亮度只有原来的70%;而卤素灯泡寿命虽短,但其使用期间亮度一致。

4. 投影机内建喇叭的声音怎么这么小?

因为投影机设计的主要功能是投射完美画面,扩音器大了会占掉很多的机器空间,因此音量不会很大。但现在市面上的投影机都有声音输出端子,可配合其他音响设备来改善音效。

6.5 实例5:数码相机的使用

数码相机与普通照相机一样,要拍出一张好的照片,并不是一件容易的事,往往需要满足良好的光照度、正确的曝光量、合适的分辨率、良好的取景和准确的调焦等条件。本节就上述问题重点介绍数码相机的使用方法和技巧。

1. 设定数码相机的参数

数码相机在其设置菜单中,一般都提供多种设定参数,其中包括图像分辨率、聚焦方式、光圈、快门等。对于数码相机来说,最主要、最常用的是图像分辨率的设置。大多数数码相机都提供了多种分辨率选择,如EPSONPhotoPC800Z数码相机就有五种分辨率设置,分别是640×480 dpi、1 024×768 dpi、1 280×960 dpi、1 600×1 200 dpi、1 984×1 488 dpi。由于数码相机有多种参数设置,因此,每次拍摄之前,必须检查相机的设置菜单,以确认分辨率、快门等参数是否设置正确;否则,拍出的照片可能达不到预期效果。设置数码相机的分辨率,应尽量使用最高分辨率这一档。

2. 尽量使被拍对象主体充满取景框

使用数码相机时,为取得更好的效果,应尽量选择最高分辨率,并使被拍对象主体充满取景框。

对于传统相机,拍摄时主要考虑的是取景、构图及对焦。对于数码相机,所有的摄影基本原理同样适用。但是如果只是拍摄一个单独的对象,如一个手术部位,一个标本,这时应将被拍对象主体充满取景框,至于照片的构图,可以不作重点考虑。这样只是为了将最大分辨率用在所摄对象的主体上。

3. 正确运用光照度和闪光灯

由于数码相机是由内置图像传感器(CCD芯片)拾取图像的,因此,只有在合适的光照条件下才能拍出好的照片。在拍照之前,应尽可能创造出好的光照条件。常规的胶卷虽然也受光照度影响,但是曝光稍不足的底片,可在后期制作中校正,其色调和色彩质量则较少依赖光照强度。由于CCD芯片的特点,数码相机完全依赖光照条件。如果光照太强,数码相机拍出的照片会受到难以消除的带状干扰。另一方面,由于CCD芯片有一定的感光阀值(敏感度),如果光线太暗,达不到数码相机要求的最低光照度,拍出的照片效果极差。即使光照度满足数码相机的最低要求,但也会严重地影响数码照片的清晰度。数码摄影与传统摄影一样,不同类型的照明灯光,会对照片产生不同效果的影响,但是由于两种相机的感光性质不同,相同的光照条件对数码相机的影响和对传统相机的影响是不同的。例如,光谱不连续的日光灯会对数码相片产生亮度和色彩方面的影响。由于数码相机的图像传感器(CCD 芯片)与摄像机的传感器(CCD 芯片)相同,为了取得最佳的光照效果,可以使用拍电视的新闻灯。对数码相机来说,自然光也是最好的光源。利用日光拍摄时,要避免直射的太阳光线,完全或部分云遮的日光(散射光)是数码相机的理想光源。

大部分数码相机都设内置闪光灯,一般有四档:闪光、不闪光、防红眼闪光和自动闪光。自动闪光这一档是由相机对被拍对象光照度的检测,决定是否需要用闪光来补充光线。闪光灯不像其他光源那么容易被控制,闪光灯射出的光线容易被周围附近的物体反射回来,在照片上形成不均匀的光斑。因此,使用闪光灯极有可能会破坏一幅完美的照片。在室内拍摄时,应尽量关闭闪光灯并提供足够的光照度。

4. 色温的调节

彩色胶卷有日光型和灯光型之分,目的是为了适用于不同光源的光照环境,日光色温是 5 400 K,灯光色温是 3 200 K。数码相机用 CCD 芯片作为传感器,没有光源类型之分,为了适应不同的光源环境,采用白平衡调节方法校正照片的色温。数码相机的白平衡调节分为手动和自动两种模式,手动调节具有更多的灵活性,能创造出意想不到的艺术效果,令数码照片的白平衡更加精确,但手动调节比较难掌握。自动调节可以保证拍摄的效果不会偏差很大,但难以创造出特别的艺术效果或精确的白平衡。光源的色温对数码照片的影响很大,用数码相机拍摄时,必须针对不同的摄影环境调节好白平衡。

5. 把拍好的照片传输到计算机硬盘上

数码照片一般以 JPEG 格式储存在储存卡内。在删除照片之前,应将原始照片传输到计算机的硬盘上,并从计算机上观看,然后再决定照片的取舍。

6. 修饰原始图像及应用

把数码照片保存到计算机硬盘上,就可以通过图像处理软件包,如 Photoshop、Photo-Impact、Photo-Deluxe 等,对数码照片进行系统处理。这是一项极其细致的工作,首先仔细检查照片存在哪些缺点,然后针对这些缺点逐一进行修正,直到效果满意为止,然后将其保存下来备用。

第 7 章 常用办公软件

7.1 实例 1：ACDSee 的使用

7.1.1 图片浏览器

目前,常用的图片浏览器有 Windows 图片和传真查看器、ACDSee 及 FR-Photostudio、GraphicConcerter、GbroswerWindows 等。

Windows 图片和传真查看器是 Windows 系统自带的一款图片浏览器,使用起来非常方便,若没有安装其他图片浏览器,直接双击要浏览的图片即可,否则选择图片,点击鼠标右键,选择"打开方式"→"Windows 图片和传真查看器",进入图片浏览窗口,单击窗口下侧按钮区的向前、向后浏览以及图片的缩放、旋转、复制、打印与删除等操作(图 7.1)。

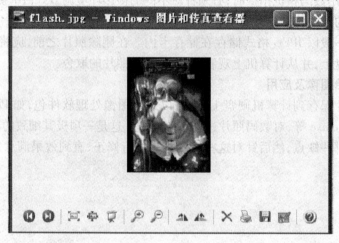

图 7.1 浏览图片

7.1.2 常用的图像处理软件

不同领域对图像处理的要求也不尽相同,目前在各应用领域软件都有很多著名产品,如 Photoshop、CorelDraw、ACDSee、Fireworks 等。下面将详细介绍 ACDSee。

ACDSee 是目前最流行的数字图像处理软件,广泛应用于图片的获取、浏览、管理、优化及编辑。它是最优秀的看图软件,能够快速、高质量,并以多种方式显示图片,再配以内置的音频播放器,能够播放和处理动画文件、音频文件及如 MPEG 之类的常用视频文件。ACDSee 图片编辑功能主要有除红眼、剪切图像、锐化、浮雕特效、曝光调整、旋转、镜像等。李勇 ACDSee 可以轻松处理数码影像,制作桌面墙纸、屏幕保护程序,制作 HTML 相册,并进行图片批量处理等操作。

7.1.3 批量修改文件名

对于大量的文件要重新命名时,如果采用传统的重命名方法,既浪费时间,又降低工作效率,可以用 ACDSee 来实现批量修改文件名,具体操作步骤如下:

(1)启动 ACDSee 软件,选中要重新命名的多个文件,选择"工具"→"批量重命名"选项,如图 7.2 所示。

图 7.2 批量命名

(2)弹出"批量重命名"对话框,在"开始于"数值框中设置起始编号,在"模板"下拉列表框中输入"2010cipy0##",单击"开始重命名"按钮,如图 7.3 所示。

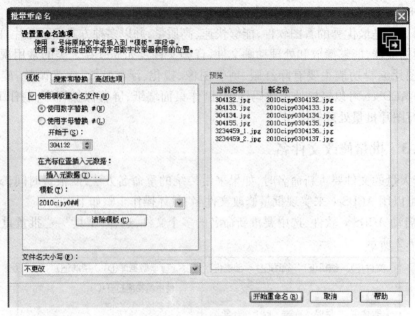

图 7.3 开始命名

(3) 弹出"正在重命名"对话框,单击"完成"按钮。

(4) 批量重命名完成,所选图片均按设置进行重命名,如图 7.4 所示。

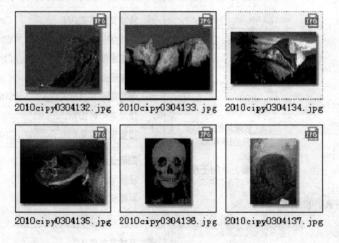

图 7.4 命名完成

小知识:ACDSee 不仅可以对图片文件进行重命名,而且对所有类型的文件都可以批量重命名,操作方法与图片的重命名方法相同。

7.2 实例2：WinZip 及 Rar 的使用

7.2.1 Winrar 压缩文件

在网络技术发达与多媒体数据普及的今天，文件压缩软件是日常使用最为频繁、用户最为熟知的一款常用装机软件。Winrar 是目前最为流行的一款压缩解压工具。它功能强大，完全支持 RAR、ZIP 格式文件，并且支持 ARJ、CAB、LZH、ACE、TAR、GZ、UUE、BZ2、JAR、ISO 等多种类型文件。Winrar 压缩率高，速度快，界面友好，使用方便，具有分片压缩、资料恢复、资料加密等功能。

下面来学习如何压缩文件。现以歌曲文件夹为例，具体步骤如下：

（1）在 D 盘窗口中，选中"歌曲"文件夹，点击鼠标右键，在打开的快捷菜单中选择"添加到压缩文件"菜单项，如图 7.5 所示。

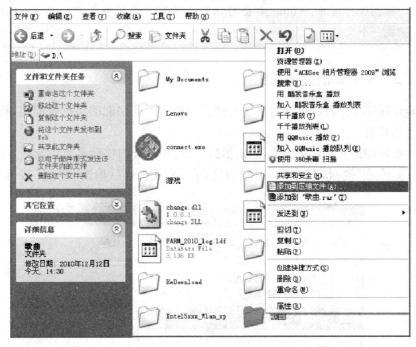

图 7.5 压缩文件

（2）打开"压缩文件名和参数"对话框，在"常规"选项卡的"压缩文件名"文本框中输入压缩文件名，如"歌曲"，根据需要在"压缩选项"中选择相应的选项，然后单击"确定"按钮，等进度条完成后，会自动在根目录下生成一个名为"歌曲"的压缩文件，如图 7.6 所示。

图 7.6 压缩文件设置

7.2.2 Winrar 分卷解压

在发送邮件时经常要发送附件,在网上论坛中也常常要上传一些附件,利用 Winrar 的分卷压缩功能就可以轻松地解决这个问题,而且不需要人工将文件进行分割压缩或用专门的分割软件去分割文件。下面还以"歌曲"这个文件夹进行分卷压缩,具体步骤如下:

(1)选中"歌曲"文件夹,点击鼠标右键,在打开的快捷菜单中同样选择"添加到压缩文件"菜单项。

(2)在"压缩文件和参数"对话框中的"常规"选项卡中设置压缩分卷的大小,单击"确定"按钮,开始进行分卷压缩。

(3)分卷压缩后的压缩包以数字为后缀名,如.part01。

> 小知识:下载的分卷压缩包,把它们放到同一个文件夹里,只要选择其中任意一个压缩包进行解压,Winrar 都会自动解出所有分卷压缩包中的内容,并把它合并成一个文件。

7.2.3 Winrar 的加密压缩

Winrar 在压缩文件时可以对压缩文件进行加密。此功能的实现很简单,就是在压缩时进行密码设置。

选中要压缩的文件或文件夹,点击鼠标右键,从打开的快捷菜单中选择"压缩文件名和参数"选项,在"高级"栏中点击"设置密码",输入密码后单击"确定"按钮即可,如图7.7所示。

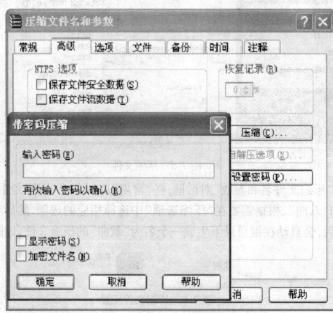

图 7.7 设置密码

7.2.4 解压缩文件

具体操作步骤如下：

（1）双击要解压缩文件，如打开"歌曲.rar"，单击工具栏中的"解压到"按钮，打开"解压路径和选项"对话框。或者选中要解压的文件，点击鼠标右键，在打开的快捷菜单中选择"解压文件"菜单项，如图7.8所示，打开"解压路径和选项"对话框。

（2）在"解压路径好选项"对话框中，选择"常规"选项卡，在目标路径下拉框中选择(或者直接输入)解压缩后文件的存放路径，如图7.9所示，然后单击"确定"按钮。

（3）打开"正在从歌曲.rar 中解压"窗口，开始解压文件并显示解压进度。

（4）解压完成后，在 E 盘中可以看到"歌曲"文件夹，如图7.10 所示。

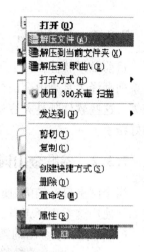

图 7.8　解压文件

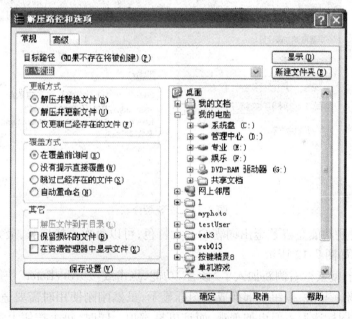

图 7.9　解压文件选择路径

图 7.10　解压文件成功

7.3 实例3：金山词霸

7.3.1 翻译软件

目前翻译软件在网上随处可见，层出不穷，但占有绝对优势地位的还属金山系列。金山系列翻译工具是由金山公司开发的一种翻译软件，如金山快译、金山词霸、谷歌金山词霸等。这些软件既是大容量的"辞海"，也是灵活、准确的"翻译家"，它们绝对是用户办公的好帮手。

7.3.2 谷歌金山词霸

当今网上最畅销的、使用率最高的翻译工具为谷歌金山词霸，下面就以它为例，来学习如何使用这类翻译工具。

（1）安装谷歌金山词霸2.0，如图7.11所示。

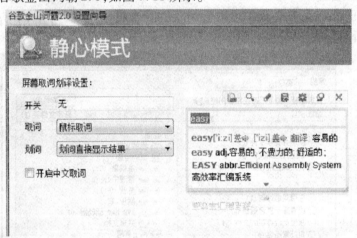

图7.11　安装翻译软件

（2）新皮肤功能是谷歌金山词霸的一大特色，可以每次更换皮肤，最大程度地满足使用者的要求，如图7.12所示。

（3）首先，搜索栏右侧新加入了"读音"功能，点击或按"Alt+Enter"快捷键便能听到清晰的真人语音。其次，按钮全部换成了图标显示，虽然刚刚使用时需要适应一下，但习惯后就会发现，图标造型不但更加美观，而且更易辨识。同时，每个按钮上都配备了不同的快捷键，使用起来方便极了（查询：Enter；发音：Alt+Enter、搜索：Ctrl+Enter），如图7.13所示。

（4）英文翻译更易懂。除了外观上的改变，新版本同样对翻译布局进行了调整。除了继续保留内测版中颇受好评的"英语"、"美语"双音标设计，还特别增加了两种真人读音。同时，这个按钮也不再需要用户点击，只要将鼠标划过就能听到具体的单词读音，如图7.14所示。

图 7.12　皮肤设置

图 7.13　查词

（5）网页翻译。在执行网页搜索前，用户需要先输入目标网址，然后点击"网页翻译"按钮，如图 7.15 所示。

（6）"词霸查询"、"生词本"和"取词设置"三项功能较好理解，而"输入框"的作用则是允许用户通过这里快速查询其他单词，然后再利用"编辑模式"复制翻译结果，它在实际工作中用途很大，如图 7.16 所示。

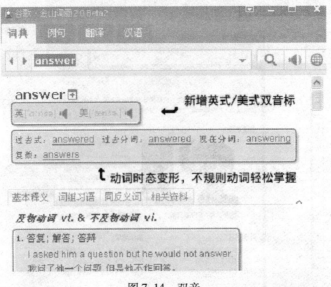

图 7.14 双音

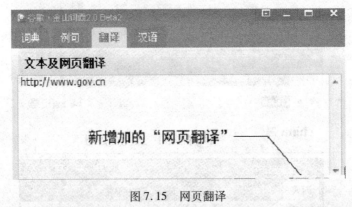

图 7.15 网页翻译

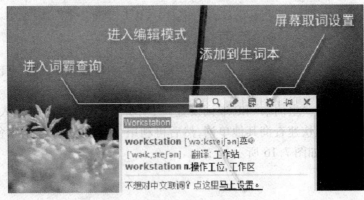

图 7.16 编译模式

（7）Beta 2 版的中文词典更加智能，能够根据用户所输内容自动切换相关版面。比如，当笔者输入德籍物理学家"爱因斯坦"的名字后，词霸便自动转换到"百科"标签下，并提供包括"基本资料"、"个人概述"、"职业生涯"、"个人荣誉"等在内的一系列用户最感

· 248 ·

兴趣的内容,如图 7.17 所示。

图 7.17　图片功能

> 小知识:单击翻译对象,然后在主菜单上单击"翻译"按钮,对活动窗口进行快速全屏翻译。

7.4　实例4:常用阅读器

7.4.1　Foxit Reader 的使用方法

Foxit Reader 是 Adobe 公司开发的一款用于查看、阅读和打印 PDF 文件的工具软件。下面来学习如何使用 Foxit Reader 来阅读 PDF 文档,具体步骤如下:

(1)下载 Foxit ReaderF,将其解压,如图 7.18 所示。

(2)将 Foxit Reader 绿色版存放到想要存放的磁盘位置(本书提供下载的是绿色版,可存放在计算机磁盘的任意位置)。

(3)点击本文下方的下载图标,下载需要的说明书,下载完成后选中下载的电子说明书,点击鼠标右键,选择"打开"或"打开方式"→"选择程序",如图 7.19 所示。

(4)点击"从列表中选择程序(S)",然后点击"确定"按钮,如图 7.20 所示。

(5)选中"始终使用选择的程序打开这种文件(A)",点击"浏览"按钮,如图 7.21 所示。

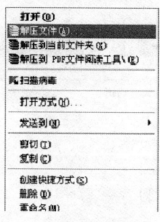

图 7.18　解压

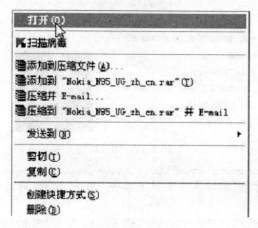

图 7.19　打开文件

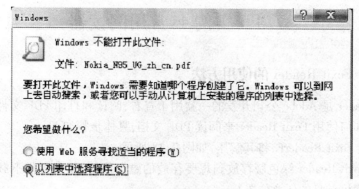

图 7.20　选择打开方式

（6）将浏览位置指向存储"Foxit Reade"的位置,选中"Foxit Reader"主程序后,选择"打开",最后点击"确定"按钮,如图 7.22 所示。

（7）这样就可以阅读到下载的手机说明书,如图 7.23 所示。

（8）点击左边的树状菜单目录,可以快速浏览需要的内容板块,如图 7.24 所示。

第 7 章　常用办公软件

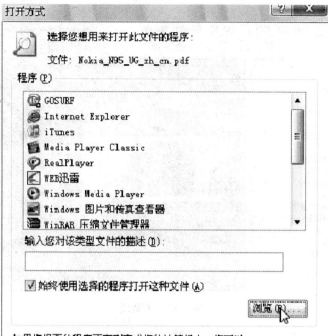

图 7.21　浏览

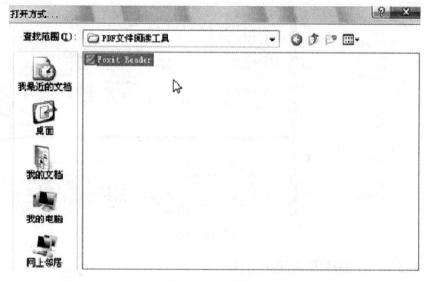

图 7.22　选择文件

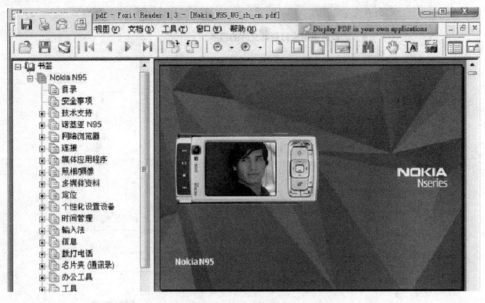

图 7.23 下载成功

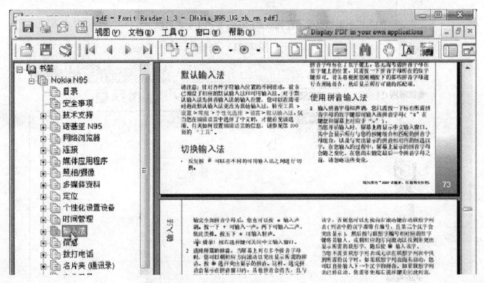

图 7.24 浏览

7.4.2 CAJ 阅读器的使用方法

点击 CAJ 阅读器菜单栏中的"查看",选择"目录",显示论文的目录。

数字版和扫描版。目前只有数字版文章可以使用文本编辑功能。点击 CAJ 阅读器菜单栏中"工具",选择"文本选择",选中文章,然后点击菜单栏中"工具",选择"文本编辑"中的相关功能。

如果想用 Word 编辑文档,具体步骤如下:

(1) 编辑文字。点击 CAJ 阅读器菜单栏中"工具",选择"文字识别",选中文字后系统会显示识别结果,提示发送到 Word 文档。

(2)编辑图片。点击 CAJ 阅读器菜单栏中"工具",选择"选择图像",选中图片后复制粘贴到 Word 文档。

(3)整本编辑文章。请点击 CAJ 阅读器菜单栏中"文件",选择"另存为",将文章保存为.txt文本文件。

7.4.3　PDF 打印机的使用方法

PDF 打印机可将 Word 文档转换成 PDF 格式。其方法是:下载一个"PDF 打印机"的软件进行安装,安装后,在 Word 的打印选项里的"打印选择"里会有一个"PDF 打印机"(图7.25),选择它进行打印文档,不会真的通过打印机打印出来一个文件,而是在计算机里生成一个.pdf 文件,如图 7.26 所示。

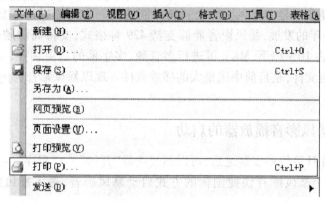

图 7.25　选择打印

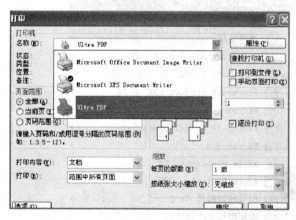

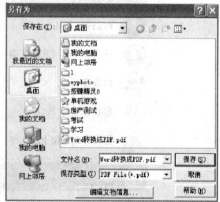

图 7.26　将 Word 文档转换成 PDF 文档

7.5 实例5:媒体播放器

7.5.1 媒体播放软件

目前,流行的媒体播放软件主要有暴风影音、Mplayer、RealPlayer、酷狗、土豆播放器等。暴风影音依靠其支持格式多、占用资源少、易于使用等特点迅速普及,成为互联网上最流行的播放器之一。

7.5.2 暴风影音播放器

暴风影音播放器是由暴风网际公司精心制造的一款万能媒体播放软件。它诞生于2003年,经过7年的发展,暴风影音能够支持429种格式,支持高清硬件加速,全高清文件CPU使用率占10%以下,MKV可进行多音频、多字幕的自由切换,支持最多数量的手持硬件设备视频文件,是目前中国最大的播放软件。现以暴风影音为例,来学习它的使用方法。

7.5.3 暴风影音播放器的启动

暴风影音在计算机中安装之后,可以通过选择"开始"→"程序"→"暴风影音"菜单项,或双击桌面上暴风影音快捷图标的方式启动暴风影音,进入暴风影音主窗口,如图7.27所示。

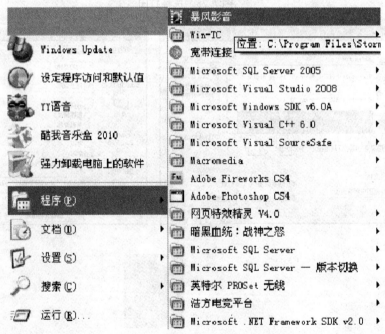

图7.27 启动影音

7.5.4 暴风影音文件的播放

(1) 播放影音文件。单击"文件"菜单栏 →"打开文件",或单击"正在播放"右端的下拉按钮,在下拉菜单中选择"打开文件"菜单项,或按 Ctrl+o 组合键,如图 7.28 所示。

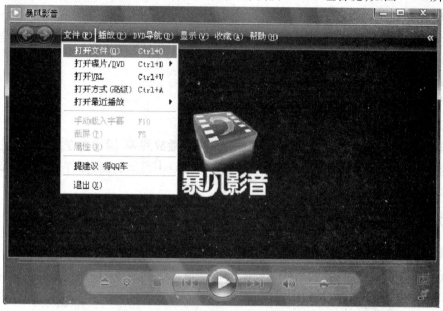

图 7.28 影音播放

(2) 进入"打开"对话框,找到要播放的影音文件,单击"打开"按钮,如图 7.29 所示。

图 7.29 打开播放

(3) 暴风影音开始播放影音文件。

7.5.5 设置暴风影音的播放界面

暴风影音的"显示"菜单用来对播放界面进行各种设置。

1. 全屏

全屏是屏幕全屏播放,可以按 Ctrl+Enter 组合键完成。双击播放界面可在全屏播放与比例播放间进行转换。

2. 显示比例

显示比例指定播放界面按一定比例显示。

3. 最小界面

按最小设置显示播放界面,且标题栏、菜单栏、播放列表、播放进度条及播放按钮区均不显示。要退出最小界面状态,只需在播放器界面点击鼠标右键,在打开的快捷菜单中选择"标准界面"即可。

7.5.6 暂停播放与还原播放

影音文件在播放过程中,要暂停播放或还原播放,可通过三种方式实现。

(1)单击播放按钮区的"暂停"按钮,暂停播放,此时"暂停"按钮变成"播放"按钮,要想还原播放,单击"播放"按钮即可。

(2)在播放界面单击鼠标左键进行暂停播放与还原播放间的转换。

(3)按空格键进行暂停播放与还原播放间的转换。

7.5.7 在播放列表中的影音文件

当需要同时欣赏多个影音文件时,不必看完一个再打开另一个,在暴风影音播放器中可以打开多个影音文件。其方法是单击播放器右侧播放列表中的"添加"按钮来添加影音文件,在"打开"对话框中找到要添加影音文件打开,所有打开的影音文件都将显示在播放列表的列表框中。

通过选择"播放"菜单中的"播放列表"级联菜单中的各项,可以设定播放列表中的各影音文件的播放方式。

7.6 实例6:下载软件的方法

7.6.1 常用下载软件

目前,常用的下载软件有迅雷、BitComet(比特彗星)、QQ旋风、快车等。

迅雷5是基于多资源超线程技术的下载软件,是宽带时期的下载工具。它针对宽带用户做了特别的优化,能够充分利用宽带上网的特点带给用户高速迅雷下载体验。下面就以迅雷为例,学习它下载软件的方法。

7.6.2 迅雷的使用

只要用左键按住链接地址,拖放至悬浮窗口,松开鼠标即可。这和点击鼠标右键,点击链接"使用迅雷下载"一样,会弹出存储目录的对话框,只要选择好存放目录即可。用户不但在迅雷页面的左下方可以看到下载文件的名称、大小以及下载速度等信息,而且在下载软件的过程中,可以浏览网页、听歌,甚至玩游戏,都不会耽误了解下载软件的进程,小小的悬浮窗口会显示下载百分比及线程图示。

7.6.3 个性化悬浮窗口

个性化悬浮窗口可以让个性化的用户有更个性化的选择。单击鼠标右键,点击"悬浮窗口",在"配置"里选择"图形配置",即可以改变悬浮窗口的前景色、背景色、透明度等,来配合自己的桌面。

7.6.4 小技巧

技巧一:让迅雷悬浮窗格给用户更多帮助。

如果迅雷并没有出现类似于迅雷的悬浮窗格,有可能给用户下载带来不便。只要单击迅雷主窗口中的"查看"菜单,选中"悬浮窗"项,即可出现相应的图标。在浏览器中看到喜欢的内容,直接将其拖放到此图标上,即可弹出下载窗口。

技巧二:给下载仓库换个保险的地儿。

在默认情况下,迅雷安装后会在 C 盘创建一个 tddownload 目录,并将所有下载的文件都保存在这里,一般 Windows 都会安装在 C 盘,但由于使用中系统会不断增加自身占用的磁盘空间,如果再加上不断下载的软件占用的大量空间,很容易造成 C 盘空间不足,引起系统磁盘空间不足和不稳定。

另外,Windows 并不稳定,经常还要格式化 C 盘重装系统,这样就要造成下载软件的无谓丢失,因此建议最好改变迅雷默认的下载目录。

单击迅雷主窗口中的"常用设置"→"存储目录"命令,在打开窗口中设置默认文件夹。

技巧三:不让迅雷伤硬盘。

现在下载速度很快,因此如果缓存设置得较小,极有可能会对硬盘频繁进行写操作,时间长了,会对硬盘不利。事实上,只要单击"常用设置"→"配置硬盘保护"→"自定义",然后在打开的窗口中设置相应的缓存值,如果网速较快,设置得大些;反之,则设置得小些,建议值为 2 048 kB。

技巧四:将迅雷作为默认下载工具。

如果认为迅雷很好用,则完全可以将其设置为默认的下载工具,这样在浏览器中单击相应的链接,将会用迅雷下载:选择"工具"→"迅雷作为默认下载工具"命令,即可弹出相应的提示窗口,提示设置成功。

技巧五:资料下载完后自动关机。

在迅雷主窗口中选择"工具"→"完成后关机"项,这样,一旦迅雷检测到所有内容下载完毕就会自动关机。此技巧在用户晚上下载时特别有用，再也不用担心计算机会"空转"，乱用电了。

完成后按下"确定"按钮，迅雷会弹出一个确认对话框，建议选中"同样修改子类别的目录属性"和"移动本地文件"，这样，软件会同时将 C:\tddownload 下默认创建的"软件"、"游戏"、"音乐"和"电影"等子文件夹一并移动，并且还会移动其中已经下载的文件。

技巧六：批量下载任务之高效应用。

有时在网上会发现很多有规律的下载地址，如遇到成批的 mp3、图片、动画等。比如，某个有很多集的动画片，如果按照常规的方法需要一集一集地添加下载地址，非常麻烦，其实这时可以利用迅雷的批量下载功能，只添加一次下载任务，就能让迅雷批量地将它们下载下来。

> 小知识：文件名出现"*"是代表任意字符的意思。例如，a.* 就代表文件基本名是 a，扩展名是任意的所有文件。因为 * 可以代替任意字符，所以称之为通配符。这里下载的文件都是 zip 文件(.zip)，而前面的文件名为英文，但不相同，那么可以写为 *.zip，并且选择"从…到…"，根据实际情况改写要填入的字母。

第 8 章

办公安全及系统维护

在办公自动化中,办公安全和系统维护是一个很重要的内容,它能够保证办公的顺利进行。在这一章中将通过 6 个实例讲解常用的办公安全和系统维护的操作,包括计算机杀毒、防火墙的使用、数据加密、操作系统的安装和系统的维护与优化等内容。下面就一起来学习这些内容。

8.1 实例 1:电脑杀毒(360 安全卫士)

杀毒软件有很多,常用的有金山毒霸、卡巴斯基、诺顿、江民、360 杀毒等,本实例以 360 安全卫士为例来介绍杀毒软件的相关内容。

8.1.1 实例培养目标

(1)会计算机体检;
(2)会计算机杀毒;
(3)会查杀木马;
(4)会清理插件;
(5)会修复漏洞。

8.1.2 实例操作步骤

1. 计算机体检

打开 360 安全卫士的界面,如图 8.1 所示,点击"常用"选项卡,在"常用"选项卡中选择"电脑体检"选项卡,360 安全卫士自动对计算机的各项安全指标进行体检,体检结束后,可以看到如图 8.1 所示的体检结果,下面列出了体检后各项指标中出现的安全问题,可以点击"一键修复"按钮,来修复这些安全问题,也可以在下面的各项结果中一一修复。

2. 电脑杀毒

点击如图 8.1 所示的"杀毒"选项卡,打开如图 8.2 所示的计算机杀毒界面,该界面共包括"快速扫描"、"全盘扫描"和"指定位置扫描"三种方式。点击"快速扫描"按钮,打开如图 8.3 所示的病毒扫描界面,扫描关键目录和极易有病毒隐藏的目录中的文件,扫描速度快；如果点击"全盘扫描"按钮，也打开如图 8.3 所示的病毒扫描界面，全盘扫描计算机所有分区中的文件，"全盘扫描"的速度较"快速扫描"速度慢，但是扫描的范围全；如果点击"指定位置扫描"按钮，可以打开如图8.4所示的"选择扫描目录"对话框，在需扫描

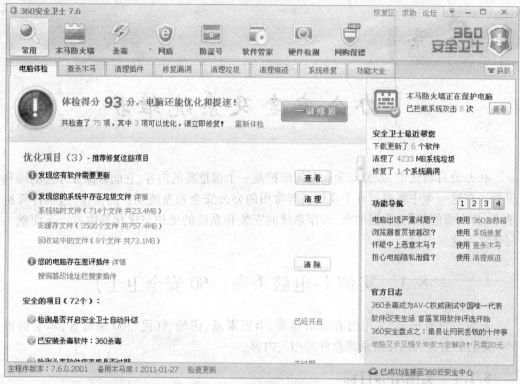

图 8.1 计算机体检界面

图 8.2 计算机杀毒界面

第 8 章 办公安全及系统维护

图 8.3　病毒扫描界面

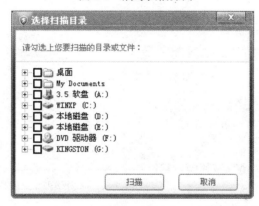

图 8.4　"选择扫描目录"对话框

的位置前面画钩,然后单击"扫描"按钮,可以对指定的位置进行扫描。无论采用哪种扫描方式,扫描结束后可以根据提示来对发现的病毒进行相应的处理,完成计算机杀毒工作。

3. 查杀木马

点击如图 8.1 所示的"常用"选项卡中的"查杀木马"选项卡,选择推荐的"快速扫描",扫描结束后,按照提示对发现的木马进行相应的处理。

4. 清理插件

点击如图 8.5 所示的"常用"选项卡中的"清理插件"选项卡,360 安全卫士就会自动扫描计算机中的插件,扫描结束后,会在下面列出恶意的插件,如图 8.6 所示,点击"立即清理"按钮,可以清理掉这些恶意的插件。

5. 修复漏洞

点击如图 8.6 所示的"常用"选项卡中的"修复漏洞"选项卡,360 安全卫士就会自动扫描计算机中的系统漏洞,扫描结束后,会在下面列出系统存在的漏洞,如图 8.7 所示,点击"修复"按钮,可以修复这些系统漏洞。

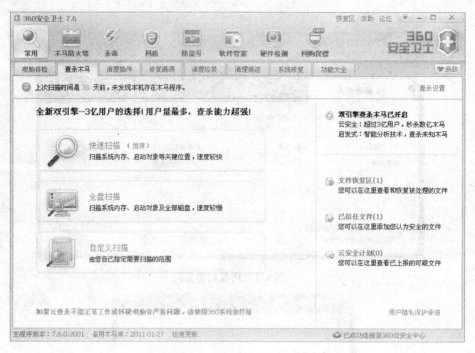

图 8.5 "查杀木马"界面

图 8.6 "清理插件"界面

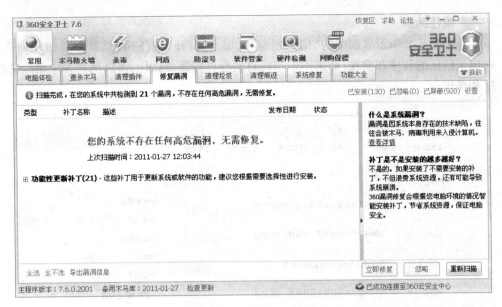

图 8.7 "修复漏洞"界面

8.2 实例2：防火墙的使用（360木马防火墙）

360木马防火墙依靠抢先侦测和云端鉴别技术，可全面、智能地拦截各类木马，保护用户的账号、隐私等重要信息。目前，木马威胁之大已远超病毒，360安全卫士运用云安全技术，在拦截和查杀木马的效果、速度以及专业性上表现出色。

8.2.1 实例培养目标

（1）系统防护；
（2）应用防护；
（3）信任列表；
（4）阻止列表；
（5）查看历史。

8.2.2 实例操作步骤

1. 系统防护

点击如图8.7所示界面中的"木马防火墙"选项卡，打开"360木马防火墙"界面，点击"系统防护"选项卡，如图8.8所示，如果有未开启的防火墙，点击"开启"按钮，读者也可以根据实际需要来开启相应的防火墙。

2. 应用防护

点击如图8.8所示界面中的"应用防护"选项卡，打开"应用防护"界面，如图8.9所示，应用防护包括桌面图标防护、输入法防护和浏览器防护三种，如果有未开启的应用防护，点击"开启"按钮，读者也可以根据实际需要来开启或关闭相应的应用防护。

3. 信任列表

点击图8.8所示界面中的"信任列表"选项卡,打开"信任列表"界面,"信任列表"中列出了信任的程序和操作,如果不希望再自动允许程序或操作,可以从列表中删除这些程序和操作。

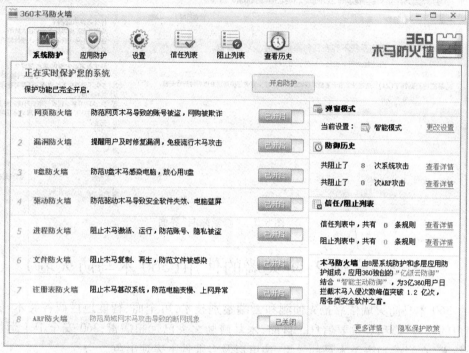

图 8.8 "系统防护"界面

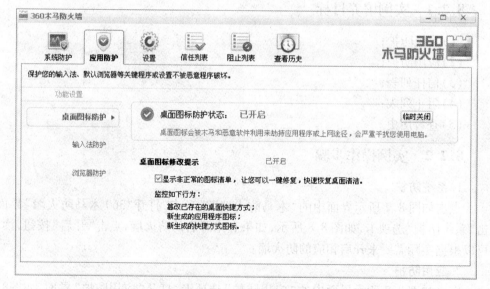

图 8.9 "应用防护"界面

4. 阻止列表

点击图 8.8 所示界面中的"阻止列表"选项卡,打开"阻止列表"界面,"阻止列表"中列出了阻止的程序和操作,如果不希望再自动阻止程序或操作,可以从列表中删除这些程序和操作。

5. 查看历史

点击图 8.8 所示界面中的"查看历史"选项卡,打开"查看历史"界面,如图 8.10 所示,"查看历史"中列出了 360 防火墙的工作记录。

图 8.10 "查看历史"界面

8.3 实例 3:数据加密

8.3.1 实例培养目标

(1)会给 Word 文档加密;
(2)会给 Excel 文档加密和保护;
(3)会给 PowerPoint 文档加密;
(4)会设置操作系统的用户密码。

8.3.2 实例操作步骤

1. Word 文档加密

打开 Word 2003,点击"文件"菜单中的"另存为"选项,打开如图 8.11 所示的"另存为"对话框,打开"工具"列表,选择列表中的"安全措施选项",打开如图 8.12 所示的"安全性"对话框,输入打开文件时的密码和修改文件中的密码,然后点击"确定"按钮,完成 Word 文档加密。当再次打开这个 Word 文件时,必须输入密码才能打开,如果想取消密码,可以重复上面的操作,密码处设置为空即可。

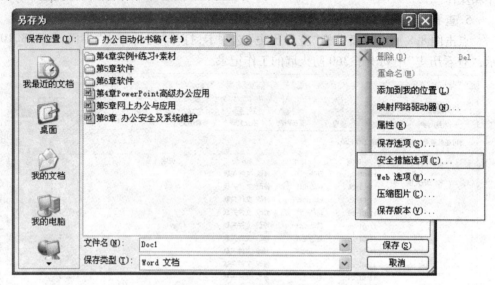

图 8.11 "另存为"选项卡

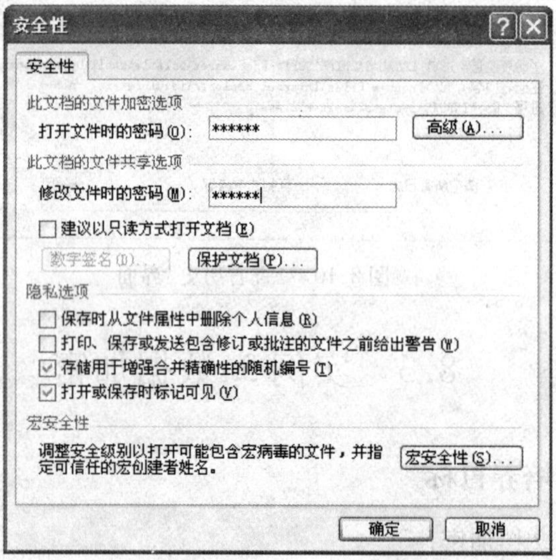

图 8.12 "安全性"对话框

2. Excel 文档加密和保护

(1) Excel 文档加密。具体的方法和 Word 加密相同,这里就不再赘述。

(2) Excel 工作簿的保护。

① 设置工作簿的保护。打开 Excel 2003,点击"工具"菜单中的"保护"选项中的"保护工作簿",打开如图 8.13 所示的"保护工作簿"对话框,在"结构"和"窗口"前面画钩,

密码处输入工作簿保护的密码,然后点击"确定"按钮,完成工作簿的保护。工作簿被保护后,不能再对工作簿中的工作表做任何相关操作,工作表的结构和窗口也不能修改。

②取消工作簿的保护。点击"工具"菜单中的"保护"中的"撤销工作簿保护",输入密码后,即取消对工作簿的保护操作。

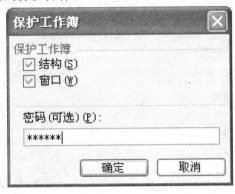

图 8.13 "保护工作簿"对话框

(3)Excel 工作表的保护。

①设置工作表的保护。打开 Excel 2003,选择需要保护的工作表,点击"工具"菜单→"保护"→"保护工作表",打开如图 8.14 所示的"保护工作表"对话框,在"取消工作表保护时使用的密码"下面输入密码;在下面的"允许此工作表的所有用户进行"列表中允许的操作前面画钩,然后点击"确定"按钮,完成工作表的保护。工作表被保护后,只能对工作表中的单元格进行画钩操作。

②取消工作表的保护。点击"工具"菜单→"保护""撤销工作表保护",输入密码后,即取消对工作表的保护操作。

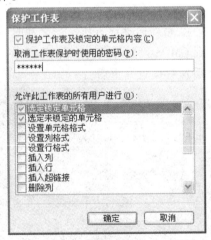

图 8.14 "保护工作表"对话框

3. PowerPoint 文档加密

具体的方法和 Word 加密相同,这里就不再赘述。

4. 设置操作系统用户密码

可参考第一章中 XP 操作系统的用户权限的设置,这里就不再赘述。

8.4 实例 4:操作系统的安装

8.4.1 实例培养目标

(1)会在 CMOS 中设置光盘启动;
(2)会安装 XP 操作系统。

8.4.2 实例操作步骤

1. 准备工作

(1)准备 Windows XP Professional 简体中文版安装光盘,并检查光驱是否支持自动启动。

(2)在可能的情况下,在运行安装程序前用磁盘扫描程序扫描所有硬盘,检查硬盘错误并进行修复,否则安装程序运行时,如检查到有硬盘错误,则会很麻烦。

(3)在记录安装文件的产品密匙(安装序列号)。

(4)可能的情况下,用驱动程序备份工具(如驱动精灵),将原 Windows XP 下的所有驱动程序备份到硬盘上(如 F:\Drive)。最好能记下主板、网卡、显卡等主要硬件的型号及生产厂家,预先下载驱动程序备用。

(5)如果想在安装过程中格式化 C 盘或 D 盘(建议安装过程中格式化 C 盘),请备份 C 盘或 D 盘中有用的数据。

2. 用光盘启动系统

(1)XP 安装光盘放入光驱,重新启动计算机。当启动时,在出现如图 8.15 所示的界面时快速按下 Del 键,进入到 CMOS 设置界面,按照图 8.16～图 8.19 的步骤设置以光盘启动方式来启动计算机,然后保存设置并重启。

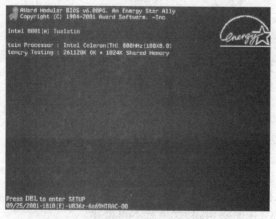

图 8.15 计算机启动界面

第 8 章 办公安全及系统维护

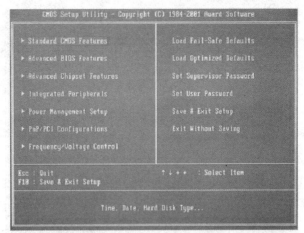

图 8.16 CMOS 设置界面 1

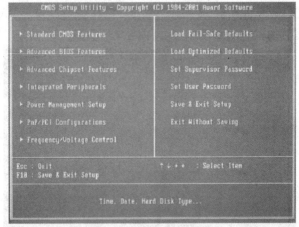

图 8.17 CMOS 设置界面 2

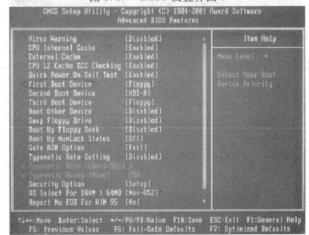

图 8.18 CMOS 设置界面 3

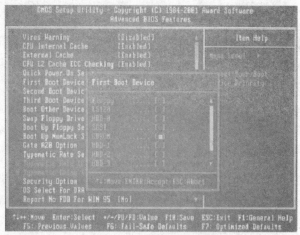

图 8.19　CMOS 设备界面 4

（2）重新启动后,出现如图 8.20 所示的界面,按任意键继续,进入到安装界面,按照安装向导提示的步骤进行操作,如图 8.20 至图 8.28 所示。

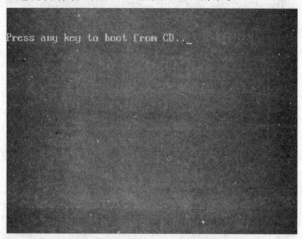

图 8.20　从 CD-ROW 启动提示界面

光盘自动启动后如无意外,则会进入到安装界面,如图 8.21 所示。

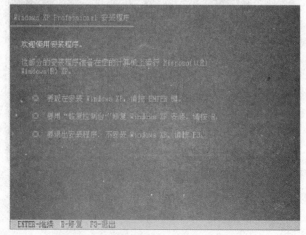

图 8.21　Windows 安装界面

全中文提示,安装 XP 按下回车键,出现图 8.22 所示的许可协议界面,按下 F8 键进入下一步。

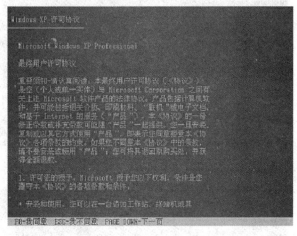

图 8.22　Windows 安装许可协议界面

这里用方向键选择所在的分区,通常选择 C 盘,如图 8.23 所示选择 C 盘后按回车键进入格式化磁盘选项。

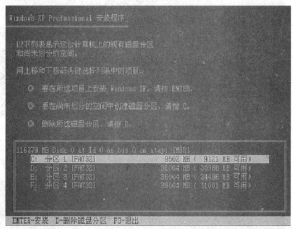

图 8.23　选择安装分区界面

选择格式化后的系统文件类型(有 NTFS 和 FAT 可选),此时的 FAT 就是 FAT32,如图 8.24 所示。

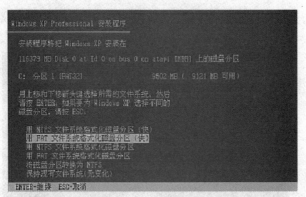

图 8.24　安装分区的文件系统格式设置界面

选择 FAT32 格式,按提示按下 F 键进行格式化,如图 8.25 所示。

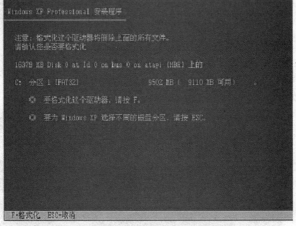

图 8.25　安装分区的格式化界面

格式化 C 盘的确认警告,继续格式化按下回车键,如图 8.26 所示。

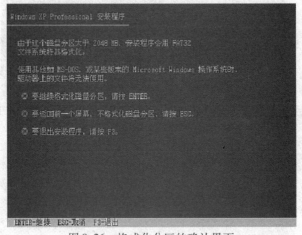

图 8.26　格式化分区的确认界面

安装程序格式化 C 盘,如图 8.27 所示。

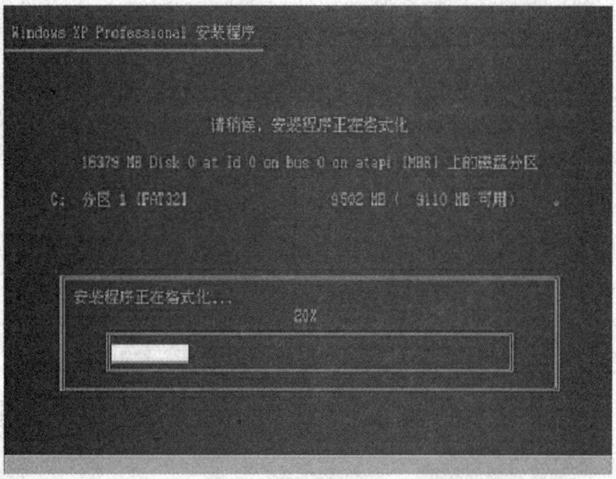

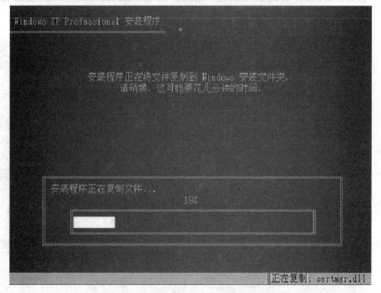

图 8.27　格式化进度界面

安装程序正在复制系统文件到硬盘,如图 8.28 所示。

图 8.28　复制系统文件到硬盘进度界面

(3) 复制文件完成后,自动重启系统,进入安装界面,如图 8.29 所示。
(4) 安装程序继续进行,如图 8.30 所示。
(5) 安装程序完成以后将自动重启,进入 Windows,如图 8.31 所示。
(6) 以上过程结束后,XP 安装结束。

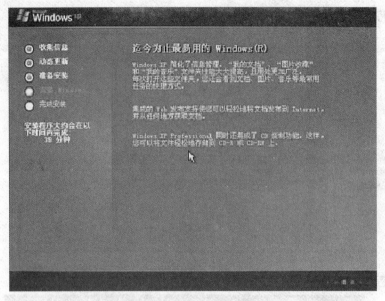

图 8.29 重启系统继续安装界面

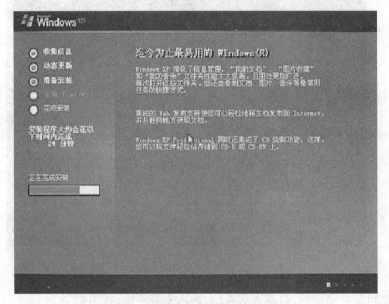

图 8.30 安装程序继续安装界面

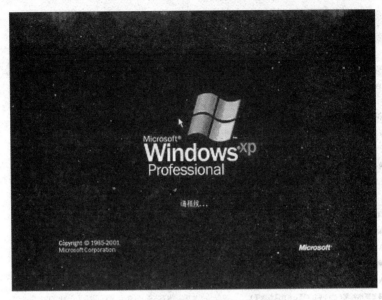

图 8.31　安装结束进入到 Windows 界面

8.5　实例 5：系统的维护与优化

8.5.1　实例培养目标

(1) 会进行系统修护；
(2) 会清理系统痕迹；
(3) 会清理系统垃圾文件；
(4) 会设置开机加速；
(5) 能够整理磁盘碎片。

8.5.2　实例操作步骤

1. 系统修护

打开 360 安全卫士，显示如图 8.32 所示的"360 安全卫士"界面，选择"常用"选项卡中的"系统修复"选项卡，360 会自动扫描系统需要修复的位置，扫描结束后，列出系统的危险项，如果是可信任的选项，可以点击"设为信任"按钮，将危险项添加到信任列表中，如果真是危险项，可以点击"一键修复"按钮，修复扫描到的危险项。

2. 清理系统痕迹

点击如图 8.32 所示"清理痕迹"选项卡，打开如图 8.33 所示的"清理痕迹"界面，点击"开始扫描"按钮，扫描相关位置的访问后的痕迹，扫描结束后，点击"立即清理"按钮，清理系统访问的痕迹记录。

3. 清理垃圾文件

点击如图 8.33 所示的"清理垃圾"选项卡，打开如图 8.34 所示的"清理垃圾"界面，

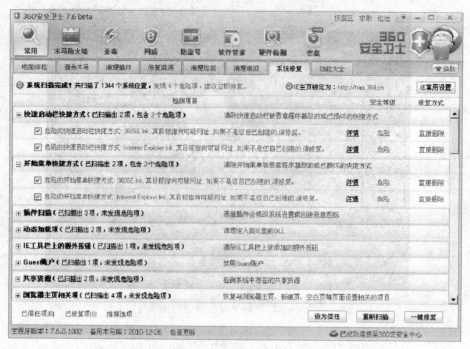

图 8.32 "系统修复"界面

点击"开始扫描"按钮,扫描相关位置的系统垃圾文件,扫描结束后,点击"立即清除"按钮,清理系统的垃圾文件,可增加相应的硬盘空间。

4. 设置开机加速

点击如图 8.34 所示的"功能大全"选项卡中的"开机加速",打开如图 8.35 所示的"开机加速"界面,点击"一键优化"选项卡,点击"立即优化"按钮,可以完成开机加速的优化,也可以点击其他选项,进行手动开启或关闭启动项。

5. 整理磁盘碎片

(1)如图 8.36 所示,选择"开始"→"程序"→"附件"→"系统工具"→"磁盘碎片整理程序",打开如图 8.37 所示的"磁盘碎片整理程序"窗口。

(2)点击"碎片整理"按钮,开始整理硬盘。最好在不使用计算机的时候整理,如果长期没整理过,可能需要几个小时。

(3)完成后会有弹出提醒对话框,点击"确定"按钮即可。

第 8 章 办公安全及系统维护

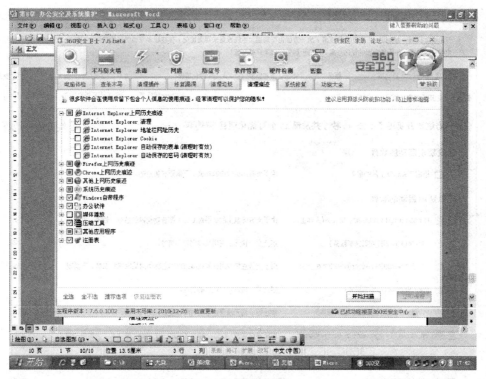

图 8.33 "清理痕迹"界面

图 8.34 "清理垃圾"界面

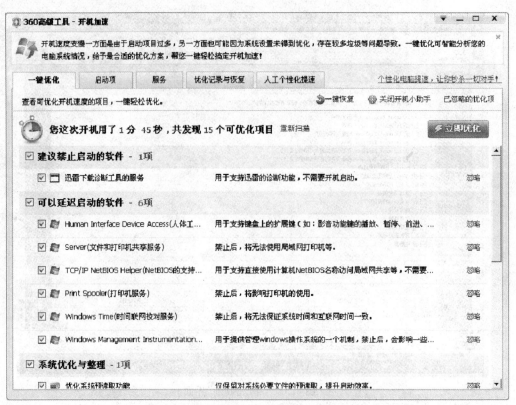

图 8.35 "开机加速"界面

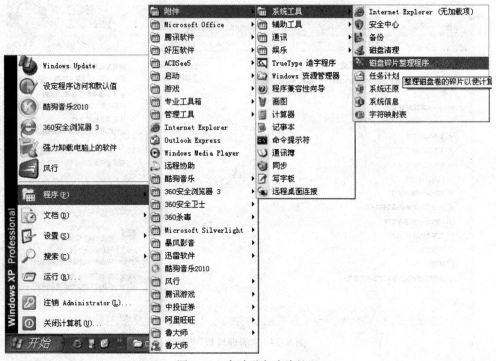

图 8.36 启动磁盘碎片整理

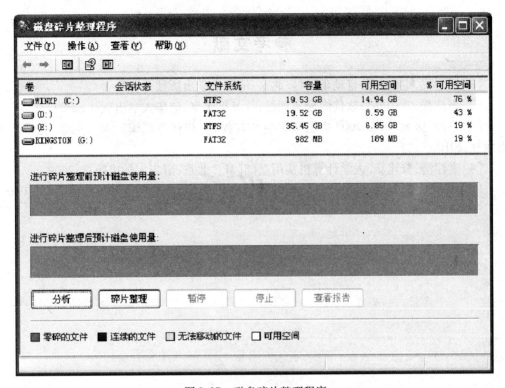

图 8.37 磁盘碎片整理程序

参考文献

[1] 杨卫民. 电脑办公自动化[M]. 北京: 清华大学出版社, 2009.
[2] 谭浩强. 常用办公软件综合实训教程[M]. 北京: 清华大学出版社, 2009.
[3] 陈静, 张爽. Office2007办公软件应用教程(工作任务汇编)[M]. 北京: 化学工业出版社, 2010.
[4] 袁建清, 修建新. 大学计算机实用基础[M]. 北京: 清华大学出版社, 2009.
[5] 黄军辉, 周挺兴. 办公自动化设备使用与管理[M]. 北京: 电子工业出版社, 2010.

读者反馈表

尊敬的读者：

　　您好！感谢您多年来对哈尔滨工业大学出版社的支持与厚爱！为了更好地满足您的需要，提供更好的服务，希望您对本书提出宝贵意见，将下表填好后，寄回我社或登录我社网站(http://hitpress.hit.edu.cn)进行填写。谢谢！您可享有的权益：

　　☆ 免费获得我社的最新图书书目　　　　☆ 可参加不定期的促销活动
　　☆ 解答阅读中遇到的问题　　　　　　　☆ 购买此系列图书可优惠

读者信息

姓名_____　□先生　□女士　　年龄_____　学历_____

工作单位_____　职务_____

E-mail _____　邮编_____

通讯地址_____

购书名称_____　购书地点_____

---

1. 您对本书的评价

　内容质量　　□很好　　　□较好　　　□一般　　　□较差
　封面设计　　□很好　　　□一般　　　□较差
　编排　　　　□利于阅读　□一般　　　□较差
　本书定价　　□偏高　　　□合适　　　□偏低

2. 在您获取专业知识和专业信息的主要渠道中，排在前三位的是：
　①_____　　②_____　　③_____
　A. 网络　B. 期刊　C. 图书　D. 报纸　E. 电视　F. 会议　G. 内部交流　H. 其他：_____

3. 您认为编写最好的专业图书(国内外)

书名	著作者	出版社	出版日期	定价

4. 您是否愿意与我们合作，参与编写、编译、翻译图书？
　_____

5. 您还需要阅读哪些图书？
　_____

网址：http://hitpress.hit.edu.cn
技术支持与课件下载：网站课件下载区
服务邮箱 wenbinzh@hit.edu.cn　duyanwell@163.com
邮购电话 0451-86281013　0451-86418760
组稿编辑及联系方式　赵文斌(0451-86281226)　杜燕(0451-86281408)
回寄地址：黑龙江省哈尔滨市南岗区复华四道街10号　哈尔滨工业大学出版社
邮编：150006　传真 0451-86414049